TAPAS, SNACKS UND FINGERFOOD

ASTRID BÜSCHER

Stiftung Warentest

> S. 33

> S. 54

> S. 99

> S. 58

> S. 159

> S. 86

> S. 74

> S. 152

> S. 103

> S. 78

> S. 54

> S. 143

> S. 140

> S. 58

> S. 77

> S. 24

INHALT

ANTIPASTI
Gruß aus der Küche
HORS d'OEUVRE
NACHOS
FINGERFOOD
AMUSE BOUCHE
DIM SU

KULINARISCHE KLEINKUNST

Klein, raffiniert und schön anzusehen – Minigerichte zu Bier, Wein, zum Tee oder einfach nur so gibt es in allen Küchen der Welt. Egal ob sie Tapas, Mezze, Antipasti oder Dim Sum genannt werden: Ihnen allen gemeinsam ist eine Menge Geschmack und Kreativität. Mit Freunden oder als Verwöhnprogramm für einen selbst schmecken sie am besten. Auch für Party und Buffet sind die kleinen Leckerbissen ideal. Kurz: Alleskönner mit Geschmack.

Miniaturgerichte sind viel mehr als einfach nur klein: Im Gegensatz zum Braten mit Beilage kann man sich an Tapas & Co. einen ganzen geselligen Abend freuen, ohne den Magen allzu sehr zu dehnen. In den Snackkulturen der Welt erfüllen die Happen genau diesen Zweck: gesellige Runden noch schöner zu machen. Sie führen Menschen zusammen; am Tisch wird geredet, gelacht, und nebenbei werden die abwechslungsreichen Leckerbissen verspeist. Oft sind es mehrere Minigerichte, die anstelle eines großen Essens gereicht werden. Manchmal sollen sie auch die Wartezeit bis zum Beginn des Essens überbrücken.

Spanische Tapas und baskische Pinchos

Es heißt, dass Wirte in Südspanien früher oft eine Scheibe Brot auf das Glas legten, um das Getränk vor den Fliegen zu schützen. Dieses »Deckelchen« (spanisch: Tapa) verwandelte sich im Lauf der Zeit zum üppigen Häppchen. Heute servieren Tapasbars neben einfachen Gerichten wie Oliven, Käsewürfeln und Schinken auch aufwendigere Speisen in kleinen Portionen. Frittierte Geflügel- oder Garnelenkroketten stehen ebenso auf der Speisekarte wie kleine Salate, Hackbällchen oder gegrillter Tintenfisch.

Ein kleiner Imbiss mit einem Glas Wein, Bier oder Sherry ist genauso möglich wie ein üppiges »Menü« mit vielen kleinen Gerichten, an denen sich der Gast rundum satt essen kann. Eng verwandt mit den Tapas sind die Pinchos. Das Wort stammt aus dem Baskischen und bedeutet »Spieß«, denn die Häppchen kommen oft auf kleine Holzspieße gesteckt auf den Teller. Man nascht ein bisschen und plaudert dabei, bis das Hauptgericht da ist.

Probieren Sie zum Beispiel Geflügelkroketten mit Walnusskruste (S. 112), feurige Garnelen auf Petersiliensalsa (S. 74), Möhren und Schalotten im Safran-Honig-Sud (S. 103).

Italienische Antipasti

In Italien genießt man verschiedene Kleinigkeiten zu Beginn einer Mahlzeit, die Antipasti (sinngemäß: »vor der Mahlzeit«). Auf dem klassischen Antipastiteller regen eingelegte Gemüse, kleine Fleisch- oder Fischgerichte, Schinken, Käse und Oliven als Vorspeise den Appetit an. Auch kleine, oft reich belegte und geröstete Brote, Crostini oder Bruschetta, knabbert man gern zum Aperitif.

Zwischen Mailand und Palermo ist es nicht üblich, sich an diesen Kleinigkeiten satt zu essen, die Antipasti gelten als Auftakt zu einem vollen Menü. Restaurants präsentieren die vorbereiteten Leckereien in einer Vitrine, aus den angebotenen Vorspeisen lässt sich der Gast eine Auswahl nach seinem Geschmack zusammenstellen.

Probieren Sie zum Beispiel Nektarine mit Parmaschinken (S. 140), Tortellinisalat Caprese (S. 92), Pollotonnato-Häppchen (S. 96).

Rund um das östliche Mittelmeer: Mezze

Mittelmeeranwohner wie Griechen, Türken, Israelis, Marokkaner, Syrer und Libanesen servieren in geselligen Runden oft kalte vegetarische Kleinigkeiten, deren Ursprung auf dem Balkan und in der arabischen Küche liegt. Diese beliebten würzigen Snacks stehen oft bereits lange vor dem Essen auf dem Tisch und signalisieren »Zeit zum Reden« und »sich auf das Essen freuen«. Es gibt vor allem Dips, kleine Salate und eingelegte Gemüse (Turschija), manchmal auch Frittiertes.

Berühmt sind vor allem die Pasten, die je nach Region unter anderen Namen serviert werden. Hummus (auch Hommus, Humos oder Homus) ist eine inzwischen weltweit beliebte Vorspeise aus pürierten Kichererbsen und Sesam, die mit Fladenbrot aufgedipt wird. Eng verwandt sind balkanische Spezialitäten wie etwa Haiver oder Ikra. Beide Worte bedeuten »Kaviar«, beziehen sich aber meist nicht auf Pürees aus Fischeiern, sondern auf knoblauchgewürzte Pasten aus Auberginen, weißen Bohnen oder Paprikaschoten, die man wie Hummus zu Weißbrot isst.

Probieren Sie zum Beispiel Linsenhummus mit Kräutern (S. 57), knusprige Schafskäseröllchen (S. 78), Linsenbulgur im Salatblatt (S. 89).

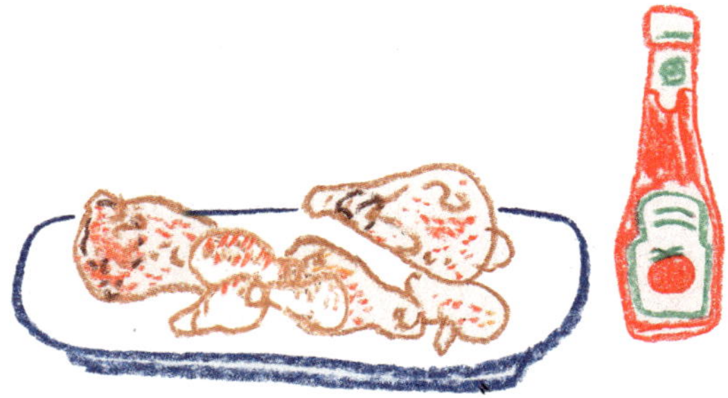

Amerikanische Appetizer

Zu Beginn einer »Dinnerparty« servieren auch amerikanische Gastgeber gern Kleinigkeiten, die man mehr oder weniger aus der Hand essen kann. Sie haben dafür den Begriff »Fingerfood« erfunden. Meist sind ihre Rezepte von den Küchen der vielen Einwanderernationen inspiriert. Deshalb gibt es eine Vielzahl von US-Varianten mexikanischer Nachos und Salsa-Abwandlungen, arabische Kichererbsencremes auf amerikanische Art, Minipasteten oder Canapés, die einmal aus der Küche Frankreichs eingewandert sind. Als typisch amerikanisches Fingerfood gelten inzwischen auch Fast-Food-Klassiker, wenn sie im Miniformat angeboten werden. Handliche Hotdogs und Burger im Kleinformat verlocken auf Partys ebenso wie Chickenwings, gefüllte Wraps und frittierte Zwiebelringe.

Probieren Sie zum Beispiel Maisbrot mit Gemüse (S. 68), Ingwer-Honig-Drumsticks (S. 78), Club-Wraps mit Ahornsirup (S. 86).

Französische Horsd'œuvre

Was den Amerikanern als Fingerfood schmeckt, heißt zwischen Paris und Nizza Horsd'œuvre, Amuse-Gueule oder Amuse-Bouche, frei übersetzt: »Gaumenfreude«. Mal werden die kleinen Happen am Tisch serviert, oft aber zu einem Getränk im Stehen angeboten. Meist bestehen Horsd'œuvre aus Cruditees (Gemüsesticks), Canapés, edlen Fisch- oder Krustentierhäppchen.

Heute servieren deutsche Gastgeber gern kleine Croques, Quiches und Tartes als feine Häppchen. Typisch französisch ist das nicht, denn in normalgroßen Portionen stammen diese Gerichte aus der einfachen Bistroküche Frankreichs. In der edlen Kleinversion als Fingerfood serviert, treten sie bei uns sozusagen eine neue kulinarische Karriere an.

Probieren Sie zum Beispiel Roquefort-Canapés mit Portweinfeigen (S. 32), Rinderfilet mit gelierter Vinaigrette (S. 108), Ratatouille-Tarteletts (S. 117).

Asiatische Kleinigkeiten

Weltberühmt sind die Dim Sum, die »kleinen Leckerbissen, die das Herz berühren«. Ursprünglich stammen sie aus der südchinesischen Küche. Denn südlich des Jangtsekiang aß man schon immer gedämpfte Klößchen und andere Kleinigkeiten zum Tee anstelle eines richtigen Mittagessens. Wer hungrig wurde, ging einfach irgendwann zwischen Frühstück und Nachmittag ins nächste »Teehaus«, das etwa unserem Begriff von einem Bistro oder einer einfachen Gastwirtschaft entspricht.

Inzwischen hat sich diese Sitte in viele Teile Chinas und sogar bis in die USA verbreitet. Hier wie dort schieben mittags die Kellner Rollwagen mit übereinandergestapelten Dampfkörben von Tisch zu Tisch, und der Gast wählt unter den vielen Sorten einige nach seinem Geschmack aus. Ursprünglich handelte es sich bei den Dim Sum immer um in Bambuskörben gedämpfte Teigtaschen mit Fleisch-, Fisch- oder Gemüsefüllung. Die Bezeichnung wird aber inzwischen auch für alle anderen Arten von chinesischen Zwischenmahlzeiten und Snacks verwendet.

Die Japaner sind beinahe noch größere Freunde kleiner Happen als die Chinesen: In den Kneipen (Izakayas) schweben Tapasfreunde im siebten Himmel. Von einfachen Sojasprossen mit Salz bis hin zu exquisiten Omelettbällchen mit Oktopusstücken – ein paar Kleinigkeiten gehören zum Trinken in Japan einfach dazu. Und nicht zu vergessen: Auch Sushi ist eine japanische Erfindung.

Probieren Sie zum Beispiel Sommerrollen mit Flusskrebsfleisch (S. 99), Dim Sum mit herzhafter Füllung (S. 122), Rindfleischröllchen mit Nori-Algen (S. 99).

Verrines – Snacks mit Durchblick

Suppen, Cremes, Salate, kurz: alles, was man nicht aus der Hand essen kann, wird heute häufig in Wasser- oder Likörgläsern angerichtet. Der Vorteil: Transparente Behälter bringen Farben und Strukturen der servierten Minigerichte perfekt zur Geltung. Auf diese hübsche Idee kamen französische Köche schon vor einigen Jahren, heute ist diese Art, Kleinigkeiten anzurichten, überall in der Welt beliebt.

Probieren Sie zum Beispiel fruchtige Currysuppe (S. 53), Tomaten-Bohnen-Gemüse unter der Teighaube (S. 64), Heidelbeer-Trifle (S. 164).

PERFEKTE GELEGENHEITEN FÜR FINGERFOOD & CO.

Tipp 1: Das kalte Buffet

Fingerfood und kleine Happen sind das beste Mittel gegen »Buffet-Schlachtfelder«: Ist alles mundgerecht portioniert, kann sich jeder nehmen, was ihm schmeckt, ohne die Optik zu stören. Die handlichen Spezialitäten aus diesem Buch lassen sich schön auf dem Buffet-Tisch arrangieren. Jeder greift gerne bei Ananas im Speckmantel (S. 129), Kürbistortilla (S. 72), Parmesanmousse (S. 48), Kartoffelmuffins (S. 81) und gefüllten Pfannkuchenröllchen (S. 100) zu. Die fein dekorierten Platten werden natürlich im Lauf der Zeit leerer, bleiben aber bis zum Schluss attraktiv und »aufgeräumt«.

Tipp 2: Die Kleinigkeit für zwischendurch

Der Magen knurrt, aber das Mittagessen ist noch weit weg? Auch der kleine Hunger hat Kreativität verdient. Als Zwischenmahlzeit sind die Snacks ideal. Gönnen Sie sich Blätterteigröllchen (S. 138), Tramezzini (S. 23) oder gefüllte Datteln (S. 85). Diese Häppchen kann man mit nur einer Hand essen, sind also auch optimal als Büro-Snack am Computer. Die meisten Minimahlzeiten lassen sich vorbereiten und über einige Zeit lagern. Andere sind so schnell zubereitet, dass auch Zeitmangel keine Ausrede mehr für unkreative Einheitssnacks ist. Orientierung bieten die Vorbereitungstipps unter den Rezepten.

Tipp 3: Handliches für unterwegs

Tramezzini, Bagel, Sandwiches und Co. eignen sich für ein Picknick im Grünen ebenso gut wie für einen Nachmittag auf dem Spielplatz, als Stärkung bei einer Rad- oder Wandertour oder als Snack für eine längere Autofahrt. Dabei kommt es vor allem auf eine geschickte und sichere Verpackung an. Ideal sind »Doppeldecker-Brote« wie die Thuna-Bagels (S. 34) oder Veggiepan Bagnat (S. 20), wenn man sie einzeln fest in Klarsichtfolie verpackt. Kalte oder warme Süppchen sind in Thermoskannen gut aufgehoben, Dips und Gemüsesticks verpackt man am besten getrennt in gut schließenden Kunststoffboxen.

Tipp 4: Jeder bringt was mit

Für Partys unter Freunden wird man hin und wieder gebeten, einen Teil zur Bewirtung beizutragen. Weil sich fröhliche Feste oft lange hinziehen, eignen sich dafür robuste Snacks, die problemlos ein paar Stunden auf der Tafel überstehen. Tomaten-Focaccia (S. 68), spanische Hackbällchen (S. 74), Kräuter-Gurken-Mousse (S. 50), geröstete Currynüsse (S. 139) und Hähnchensalat mit Walnusssauce (S. 134) sind vermutlich aufgegessen, bevor sie ihre Attraktivität verlieren. Wer Empfindliches, wie zum Beispiel fruchtig-scharfe Avocadoplätzchen (S. 119), frische Gemüsesticks zu Dips (S. 57) oder Melone mit Ricotta (S. 133) servieren möchte, richtet zunächst nur kleine Mengen auf einer Platte an und legt im Laufe des Abends Nachschub aus der Transportbox nach.

Tipp 5: Fingerfood als Vorspeise

Die Snacks werden zur raffinierten Vorspeise, wenn sie zum Auftakt eines Menüs zu dritt oder viert auf einem Teller arrangiert werden. Kombinieren Sie z. B. einen Erbsen-Minz-Cappuccino (S. 58), ein Spargelröllchen (S. 86), eine Kichererbsen-Bruschetta (S. 24) und einige Röschen vom marinierten Blumenkohl (S. 73). Die Auswahl mehrerer kleiner, feiner Speisen hinterlässt fast immer einen nachhaltigen Eindruck bei den Gästen.

Tipp 6: Dessertvariationen

Dessertfans jubeln, wenn am Schluss eines Menüs mehr als nur eine Süßigkeit angeboten wird. Sind die Portionen entsprechend klein, haben mehrere Desserts auf einem großen Speiseteller Platz. Eine elegante Kombination besteht beispielsweise aus einem Schokoküchlein mit Kompott (S. 159), einem winzigen Apfelstrudel (S. 155), einer Holunderblütencreme (S. 167) und dazu vielleicht noch einer Kugel der Lieblingseiscreme. Ideale Dessertkombinationen bestehen aus kulinarischen Gegensätzen, deshalb am besten Fruchtiges und Cremiges, Gebackenes und Frisches, Warmes und Kaltes auf dem Teller zusammenstellen.

KÜCHENAUSSTATTUNG FÜR FINGERFOODKÖCHE

Viel braucht man nicht an zusätzlicher Küchenausstattung. Die meisten Rezepte gelingen mit den Geräten, die ohnehin in jeder Küche vorhanden sind.

Muffinblech

Wer besonderen Spaß am Zubereiten von Fingerfood hat, kauft sich für handliche Muffins oder Minimuffins, die mit einem Biss im Mund verschwinden, die entsprechenden Muffinbleche. Wählen Sie am besten Exemplare mit Antihaftbeschichtung, dann können Sie auf das Einfetten oder das Auslegen mit Papiermanschetten verzichten. Bleche für große Muffins enthalten 12 Mulden, bei der Minivariante sind es 24 Vertiefungen.

Backförmchen

Mürbeteigschiffchen oder -tarteletts machen zwar ein wenig Mühe; wer jedoch Wert darauf legt, den größten Teil der Arbeit schon Tage vor dem Fest zu erledigen, wird sie zu schätzen wissen. Fertig gebacken und abgekühlt, bleiben sie bis zu einer Woche frisch und brauchen dann nur noch mit Salaten oder Cremes gefüllt zu werden. Die entsprechenden Backformen finden Sie in Fachgeschäften und im Internet.

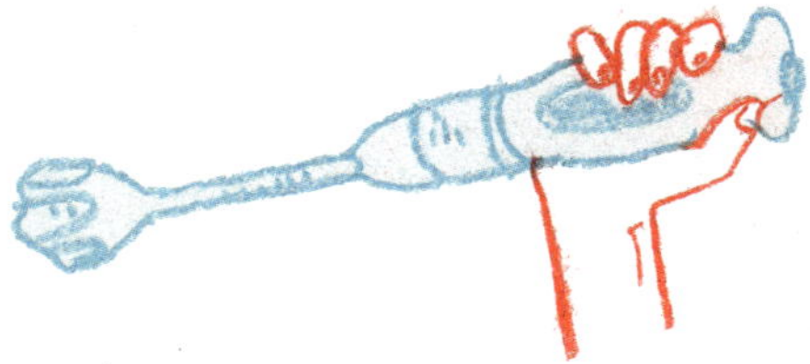

Pürierstab

Unentbehrlich für Dips, Cremes und feine Suppen ist ein Pürierstab, auch Stabmixer genannt. Wer das Gerät nur zum Mixen und Pürieren verwendet, kauft ein Modell ohne Zubehör, das spart Geld. Prüfen Sie, welches Gerät gut in der Hand liegt: Ist es besonders schwer? Kommt man gut an den Schalter? Lässt sich der Stab leicht reinigen? Sehr preiswerte Kunststoffgeräte, teilweise für unter 10 Euro, gehen oft schnell kaputt, das zeigten unsere Tests.

Spieße und Stäbchen

Kleine und große Holzstäbchen gehören zur Grundausstattung für die Fingerfoodküche. Sie halten Röllchen und Sandwiches zusammen, befestigen Garnituren und machen aus mehreren Einzelzutaten einen köstlichen Spieß. Kurze, an beiden Enden spitz zulaufende Hölzchen und längere Spieße mit nur einem spitzen Ende finden Sie im Lebensmittelhandel oder im Haushaltswarengeschäft. Es gibt sie auch aus Kunststoff, Bambus, Holz oder Metall, in schlichten Varianten oder mit Fähnchen, Kugeln etc.

KOCHEN FÜR FREUNDE – PLANUNG IST ALLES

Wenn alle Gerichte schon am Vortag oder einige Stunden vor dem Fest fertig und wunderbar gelungen im Kühlschrank stehen, fühlt man sich als Gastgeber am besten. Perfekte Vorbereitung macht eben entspannt. Falls Sie nach Rezepten suchen, die Sie schon am Vortag oder sogar 2 bis 3 Tage vor der Feier zubereiten können, finden Sie Angaben dazu unter jedem Rezept. Auch der zeitliche Aufwand ist dort vermerkt. Lassen Sie sich von einer Zubereitungszeit von mehreren Stunden nicht abschrecken: Oft ist darin die Zeit zum Marinieren oder Abkühlen enthalten. Ein Blick auf die reine Arbeitszeit, die ebenfalls angegeben ist, hilft Ihnen bei der Planung.

Viele Snacks in diesem Buch benötigen nur einen geringen Arbeitsaufwand von 20 bis 40 Minuten. Wer noch weniger Zeit hat, sucht am besten im Kapitel »Blitz-Fingerfood« Rezepte aus, die in nur 10 bis 20 Minuten zubereitet sind. Ab Seite 136 finden Sie einen Vorschlag für ein Buffet für 8 Gäste, das schon nach einer guten Stunde fertig auf dem Tisch steht.

Mehr als 1 bis 2 Rezepte, die »à la minute«, also direkt vor dem Essen, zubereitet werden müssen, sollten Sie sich besser nicht zumuten. Das schafft nur unnötigen Stress, wenn der Besuch bereits vor der Tür steht. Aber keine Sorge: Die überwiegende Zahl der vorgestellten Rezepte können Sie ganz oder zumindest zum Teil vorbereiten und später unbeschwert mit Ihren Freunden feiern.

Aber was soll man servieren?

Schaffen Sie Abwechslung: ein Süppchen, ein paar Brothäppchen, einige Röllchen, etwas Fruchtiges und eine lockere Mousse, Mildes und Scharfes, Fisch, Fleisch und Vegetarisches bunt gemischt. Je mehr Auswahl, desto leichter fällt auch das Zusammenstellen. Für viele Esser lässt sich einfacher planen als für wenige, wählerische Zeitgenossen. Bevor Sie sich an die Arbeit machen, lohnt es sich immer, bei den Gästen nach Vorlieben, Abneigungen und Allergien zu fragen. Wenn alle gerne Fisch essen, können Sie natürlich ein reines Fischbuffet zubereiten. Wenn keiner Fleisch mag, wählen Sie unter den vielen vegetarischen Snacks.

Mengenlehre

Wie viel wird jeder essen? Diese Frage quält fast jeden Gastgeber. Die Antwort ist nicht immer einfach. Natürlich soll das Buffet üppig aussehen und jeder Gast auf seine Kosten kommen, aber es soll auch nicht viel übrig bleiben. Wie kalkuliert man richtig?

Die Anzahl der benötigten Häppchen richtet sich natürlich nach der Anzahl der Esser, aber auch nach dem Anlass und der Dauer des Festes. Für eine ausgiebige Geburtstagsfeier mit Freunden rechnen Sie am besten mit 8 bis 12 Snackportionen pro Gast. Findet ein Stehempfang zu einer klassischen Essenszeit statt, also mittags oder am frühen Abend, rechnen Sie mit 6 bis 8 Miniaturen pro Gast. Bei einem kleinen Umtrunk, z. B. im Büro, reichen 4 bis 5 Portionen aus.

Sind Ihre Besucher als gute Esser bekannt? Dann planen Sie vorsichtshalber pro Person 1 bis 2 Häppchen mehr ein. Und wer ständig Sorge hat, dass sein Besuch nicht satt wird, serviert noch eine Käseplatte mit Trauben und Nüssen. Nehmen Sie einfach 2 bis 3 Käsesorten, die Sie selber gerne essen. Dann können Sie die Reste notfalls nach dem Fest als Brotbelag oder zum Überbacken verwenden.

Rechtzeitig vorbestellen

Ärgerlich, wenn man beim Einkauf kurz vor der Party feststellt, dass Zutaten nicht vorrätig sind und einem der Metzger oder der Gemüsehändler sagt: »Solche Spezialitäten besorge ich nur auf Bestellung.« Also: Wer sicher sein möchte, dass alle Zutaten auch wirklich pünktlich in der Küche landen, schreibt rechtzeitig eine Einkaufsliste und bestellt am Telefon oder per Internet die Ware einige Tage vorher.

KLEINE HAPPEN – GROSSER AUFTRITT

Wer häufiger Fingerfood und Minisnacks zubereitet, kann sich eine Auswahl an dekorativen Portionslöffeln, kleinen Gläsern und Tellern zulegen. Improvisationskünstler finden aber im Schrank immer einiges, das sich gut eignet:

Auf Etageren, Kuchen- und Fleischplatten machen sich Tramezzini, Mürbeteigschiffchen, Röllchen, Spieße und Minipizzen prächtig. Tortenheber oder Gebäckzangen helfen dabei, die Happen unbeschadet auf den Teller zu heben.

Auf kunstvoll aufgeschichtete Pyramiden verzichtet man besser, sie hindern Gäste daran zuzugreifen, weil dabei leicht alles ins Rutschen kommt. Sollten die vorhandenen Platten nicht groß genug sein, improvisieren Sie mit Tabletts und Backblechen, die, mit Alufolie belegt, gut aussehen und reichlich Platz bieten. Oder noch besser: Wählen Sie kleine Platten und füllen Sie im Laufe des Abends immer wieder mal frische Häppchen nach.

Miniportionen Suppe, die sogenannten Suppenshots, aber auch cremige Desserts und kleine Salate lassen sich stilvoll in Grappa- oder kleinen Wassergläsern anrichten. Auch Kaffee- oder Espressotassen sind zum Servieren geeignet.

Sind im eigenen Haushalt nicht genügend viele vorrätig, lohnt es, Freunde oder Nachbarn um Leihgaben zu bitten. Wer seinen Gästen oft Miniportionen anbieten möchte, kann im Einrichtungshaus oder im Drogeriemarkt für wenige Cent kleine Gläser kaufen, die eigentlich als Teelichtbehälter gedacht sind. Einmachgläser im Miniaturformat, die ursprünglich zum Einkochen von kleinen Portionen Konfitüre gedacht sind, eignen sich nicht nur für Suppen und Desserts, sie sind zudem hitzebeständig, sodass Sie darin sogar Kuchen backen können. Kleine Suppen können direkt aus dem Glas getrunken werden, für alle anderen Verrines – so nennen Profiköche das Fingerfood aus dem Glas – braucht man Besteck. Für kleine Portionen eignen sich auch kleine Bestecke: Kuchengabeln und Kaffeelöffel sind eine gute Wahl. Wer Verrines in hohen Gläsern serviert, sollte dazu langstielige Löffel anbieten, damit man die feinen Snacks auch bis zum Boden auslöffeln kann.

Eine gute Lösung für wenig Geld sind Papiermanschetten. Nicht nur Muffins machen darin eine »gute Figur«. Auch gefüllte Datteln, frittierte Geflügelkroketten und Maisbrotwürfel können Sie in den Papierhüllen servieren. Haushaltswarengeschäfte und Drogeriemärkte bieten farbige, gemusterte und schlichte Varianten in verschiedenen Größen an.

Wer mit den Händen isst, braucht öfter mal eine Serviette: Sorgen Sie für reichlich Vorrat. Ebenfalls wichtig ist, dass Ihre Gäste benutzte Holzspießchen, Papiermanschetten und Servietten auch wieder loswerden. Stellen Sie unauffällige Schüsseln für den Abfall bereit.

Brot und Butter sind auch beim Fingerfoodbuffet ein Basic. Je nach Auswahl der Snacks eignen sich Fladen- oder Baguettebrote, kräftiges Bauernbrot, Knäckebrot, Brotchips oder Cracker.

Wenn Dips auf Ihrem Buffet stehen, sind Gemüsesticks als Begleiter immer willkommen. Nach Lust und Geschmack Möhren-, Staudensellerie-, Gurken- und Paprikastifte in Gläsern bereitstellen; wer sich die Mühe machen will, bündelt immer 4 bis 5 Sticks mit einem Schnittlauchhalm. Auch Cherrytomaten und Radieschen werden gerne als vitaminreiche Ergänzung zu den Snacks genascht. Wer sie in leckeren Cremes versenken möchte, steckt sie auf kleine Spieße.

Ein langer Tisch

Für das Präsentieren der Häppchen eignen sich eine Anrichte oder ein Sideboard. Kommen viele Gäste, bietet ein Tapeziertisch, der unter einer Tischdecke verschwindet, oder die Arbeitsplatte in der Küche meist genügend Platz. Wichtig ist nur, dass die Gäste problemlos zugreifen können.

Also am besten die weiter hinten stehenden Platten etwas erhöht aufbauen. Mit kleineren Kartons und Kisten, die unter Tüchern oder Servietten versteckt sind, schaffen Sie dafür die richtige Voraussetzung.

Stellen Sie Servietten, Teller, Brot und Butter an einer Seite des Buffets auf, sodass jeder Gast zunächst eine »Grundausstattung« erhält. Süßes und Käse wird am anderen Ende der Tafel platziert, der Rest steht in bunter Mischung dazwischen – eine klassische Reihenfolge der Speisen gibt es nicht. Alles wird zwanglos und nach dem eigenen Geschmack kombiniert.

Schönheit lockt

Minisnacks leben von ihrer Optik. Wer also Spaß am Dekorieren und Verzieren hat, wird besonders viel Vergnügen am Anrichten der Häppchen finden. Mit frischen Kräutern, Früchten, Sardellen, Oliven, Mayonnaise, Tomatenmark, Remoulade, Kapern, Silberzwiebeln, Tomaten und Gurken lassen sich Snacks im Handumdrehen verschönern. Am besten verwenden Sie Zutaten, die auch schon bei der Zubereitung benutzt worden sind, damit die Kombinationen geschmacklich passen. Achten Sie aber bei aller Liebe zum Detail auch darauf, dass die Dekoration nicht allzu kunstvoll gerät, sonst haben Ihre Gäste womöglich Mühe, sich entspannt zu bedienen.

Stellen Sie sich nach Lust und Laune, nach den Vorlieben Ihrer Gäste, nach Jahres- und Tageszeit, nach Budget und Zeit für die Vorbereitungen Ihre Lieblingsbuffets zusammen. Auf den nächsten Seiten finden Sie ein paar Beispiele.

BUNTER BRUNCH FÜR 12 PERSONEN

Das gibt es:

- Schinkenpâté auf Brioche (S. 31)
- Basilikum-Bohnencreme auf Tomaten (S. 140)
- kaltes Kartoffelsüppchen (S. 41)
- Salat »grün in grün« im Teigkörbchen (S. 77)
- Scharfe Paprika-Eier (S. 144)
- Müsli-Scones mit Himbeerschmand (S. 152)
- Apfelkompott mit griechischem Joghurt (S. 168)
- je eine kleine Käse- und Aufschnittplatte
- Brot und Brötchen, Butter, Konfitüre

So planen Sie die Vorbereitungen:

▶ 1 Tag vor dem Brunch
Teigkörbchen für den Salat backen,
Kartoffelsüppchen zubereiten,
Eier kochen,
Apfelkompott zubereiten,
Basilikum-Bohnencreme zubereiten,
Schinkenpâté zubereiten.

▶ Einige Stunden vor dem Brunch
Salat »grün in grün« und die Salatsauce zubereiten,
Scharfe Eier zubereiten,
Scones-Teig zubereiten, ausstechen und
auf dem Backblech kalt stellen,
Himbeerschmand zubereiten,
Erdbeeren putzen und marinieren.

▶ 45 Minuten vor dem Brunch
Scones backen,
Brioche rösten, mit Schinkenpâté bestreichen
und garnieren,
Schinken und Oliven auf Spießchen stecken,
die Suppe abschmecken und in Gläser füllen,
Apfelkompott und Joghurt in Gläser füllen,
Honig und Nüsse daraufgeben,
Tomaten schneiden und
die Bohnencreme darauf anrichten.

▶ 10 Minuten, bevor die Gäste kommen
Den Salat mit der Sauce mischen und
in die Teigkörbchen füllen,
Minze schneiden und auf die Erdbeeren geben,
alle Platten auf das Buffet stellen.

LÄSST SICH GUT VORBEREITEN – FÜR 10 PERSONEN

Das gibt es:

- Spitzkohlquiche mit Shrimps (S. 81)
- Erbsen-Minz-Cappuccino (S. 58)
- Fisch-Rillettes (S. 45)
- scharfe Tomatenmousse mit Krabben (S. 49)
- Rinderfilet mit gelierter Vinaigrette (S. 108)
- geröstete Currynüsse (S. 139)
- Käsekuchen aus dem Glas (S. 164)
- Gemüsesticks zum Dippen
- Brot und Butter
- eventuell Käse und Trauben

So planen Sie die Vorbereitungen:

▶ 1 Woche vor der Party
Spitzkohlquiche zubereiten und gleich
nach dem Abkühlen einfrieren.

▶ 1 bis 2 Tage vor der Party
Fisch-Rilettes zubereiten und kalt stellen,
Erbsen-Minz-Cappuccino zubereiten
(ohne den Milchschaum) und kalt stellen,
scharfe Tomatenmousse zubereiten,

in Portionsgläsern kühl stellen,
Currynüsse rösten und verpacken, sobald sie vollständig abgekühlt sind,
Käsekuchen in Portionsgläsern backen und nach dem Abkühlen kalt stellen.

▶ Einige Stunden vor der Party
Rinderfilet mit gelierter Vinaigrette zubereiten und kühl stellen,
Gemüsesticks zum Dippen schneiden und in einer Gefrierdose im Kühlschrank aufbewahren.

▶ 1 Stunde, bevor die Gäste kommen
Die Quiche direkt aus dem Gefrierschrank in den kalten Backofen stellen,
bei 180 °C 20 Minuten auftauen und lauwarm erhitzen.
Dann in Stücke schneiden und auf einer Platte anrichten,
Maracujas halbieren, mit Puderzucker und Likör verrühren und auf den Käsekuchen geben,
Rucola hacken und mit den Krabben mischen,
in die Gläser mit der Tomatenmousse verteilen,
das Buffet aufbauen, alle Gerichte auf Platten oder in geeigneten Gefäßen anrichten.

▶ Kurz vor dem Essen
Die Suppe erhitzen und in Gläser oder Tassen füllen, die Milch aufschäumen und darauf verteilen.

GELINGT LEICHT – FÜR 12–15 PERSONEN

Das gibt es:
- Gorgonzola-Birnen-Tramezzini (S. 23)
- süß-scharfer Dip aus getrockneten Tomaten (S. 57)
- Maisbrot mit Gemüse (S. 68)
- Wurstsalat-Spießchen (S. 94)
- Hähnchen mit Walnusssauce (S. 134)
- Nektarine mit Parmaschinken (S. 140)
- Rote-Grütze-Früchte in Weingelee (S. 167)
- Heidelbeer-Trifle (S. 164)
- eine Platte mit hauchdünn geschnittener Salami und Mortadella, dazu Grissini-Brotstangen, Brot und Butter

So planen Sie die Vorbereitungen:

▶ 1 bis 2 Tage vor der Feier
Süß-scharfen Tomatendip zubereiten und kalt stellen,
Maisbrot mit Gemüse backen, abgedeckt kühl stellen,
Rote-Grütze-Früchte in Weingelee zubereiten.

▶ Einige Stunden vor der Feier
Gorgonzola-Birnen-Tramezzini zubereiten und abgedeckt auf einer Platte kühl stellen,
Wurstsalat-Spießchen zubereiten, Zwiebeln und Sauce jeweils getrennt verpacken,
Nektarine mit Parmaschinken zubereiten.
Für das Hähnchen mit Walnusssauce das Fleisch in mundgerechte Stücke schneiden,
Salat vorbereiten und Sauce zubereiten,
Heidelbeer-Trifle zubereiten, Früchte und Mandeln getrennt verpacken.

▶ 1 Stunde, bevor die Gäste kommen
Hähnchen mit Walnusssauce auf einer Platte anrichten,
Wurstsalat-Spießchen mit Sauce beträufeln und mit den Zwiebeln bestreuen,
frische Früchte und Mandeln auf den Heidelbeer-Trifle geben,
das Maisbrot in Würfel schneiden, auf einer Platte anrichten und 10 Minuten im 180 °C warmen Ofen erwärmen,
alles anrichten.

SCHINKENPATÉ auf BRIOCHE
KICHERERBSEN-
BRUSCHETTA
SARDINHAS
SENF
PORTO
1937

SANDWICHES, BRUSCHETTAS UND CANAPÉS

Neue Schnittchenideen gefällig? Vielleicht Toast mit saftigem Belag, akkurat auf Kante geschnitten? Knusprig geröstete und saftig belegte Bruschettas? Oder wie wäre es mit Canapés, den aufwendig dekorierten Edelbutterbroten, die selbst feinsinnige Gourmets ohne Besteck in den Mund schieben?

1
2

1 SCHINKENSCHNITTEN MIT NUSSKARAMELL

Für 15 Stück:

- 40 g Zucker
- 50 g gehackte Haselnüsse
- 1 EL Öl
- 5 Scheiben Vollkornbrot
- 125 g Ziegenfrischkäse
- 125 g Parma- oder Serrano-schinken
- 2 reife Feigen
- schwarzer Pfeffer, grob gemahlen

1. Zucker in einer Pfanne erhitzen, bis sich der flüssige Zucker hellbraun färbt. Dabei erst mit einem Holzlöffel rühren, wenn der Zucker an den Rändern anfängt zu schmelzen. Die Nüsse unterrühren und den Karamell auf ein Stück geöltes Backpapier gießen.
2. Vollkornbrot mit dem Ziegenfrischkäse bestreichen und in je 3 Streifen schneiden.
3. Eventuell den Fettrand vom Schinken abschneiden, das Fleisch in Streifen schneiden und locker auf die Brote legen.
4. Die Feigen in dünne Spalten schneiden, den Nusskaramell hacken und beides auf dem Schinken verteilen. Die Brote mit Pfeffer bestreuen.

25 Minuten
Pro Stück: 3 g E, 3 g F, 8 g KH = 76 kcal

Tipp: Im Winter schmecken die Brote mit geräucherter Gänsebrust statt dem Schinken.

Vorbereiten: Wenn Sie die karamellisierten Nüsse am Vortag zubereiten, sind die Brote blitzschnell fertig.

2 SANDWICHSPREAD AUF LAUGENSTANGEN

Für 24 Stück:

- 100 g Mixed Pickles (Glas)
- 2 hart gekochte Eier
- 100 g Salatcreme (fettreduzierte Mayonnaise)
- 2 TL körniger Senf
- 100 g Naturjoghurt
- Salz, Pfeffer
- Zucker
- 2 Laugenstangen (à 90 g)
- 2 Beete Shiso-Kresse

1. Mixed Pickles in einem Sieb abtropfen lassen, die Eier pellen. Beides fein hacken.
2. Salatcreme mit Senf und Joghurt verrühren, mit Salz, Pfeffer und einer Prise Zucker abschmecken. Eier und Mixed Pickles unterheben.
3. Die Laugenstangen in Scheiben schneiden, mit einem dicken Klecks Sandwichcreme und der Kresse belegen.

15 Minuten
Pro Stück: 1 g E, 2 g F, 6 g KH = 49 kcal

Tipp: Anstelle der Kresse schmecken auch 40 bis 50 g Radieschen- oder Alfalfasprossen.

Vorbereiten: Wenn Sie hart gekochte Eier im Kühlschrank haben, ist das Sandwichspread so schnell gerührt, dass sich Vorbereiten kaum lohnt.

VEGGIEPAN BAGNAT

Für 15 Stück:
- 1 Baguette oder Stangenweißbrot (500 g)
- 1 Knoblauchzehe
- 2 EL Essig
- 2 EL Olivenöl
- Salz, Pfeffer
- 1 rote Paprikaschote
- 100 g Eisbergsalat
- 1 kleine rote Zwiebel
- 3 hart gekochte Eier
- 1 Glas Artischockenherzen (160 g Abtropfgewicht)
- 3 Tomaten
- 50 g schwarze Oliven
- 2–3 TL Kapern
- 3 Stiele Basilikum
- außerdem: Holzstäbchen

1. Das Brot längs halbieren und die Ober- und Unterseite leicht aushöhlen. Knoblauchzehe schälen und fein hacken. Knoblauch mit Essig und Öl, Salz und Pfeffer verrühren und auf die Innenseiten träufeln.
2. Paprikaschote waschen. Die Kerne entfernen. Eisbergsalat waschen und trocken schleudern. Paprika und Salat in dünne Streifen schneiden, Zwiebel schälen und in dünne Ringe schneiden. Die Eier pellen und in Scheiben schneiden. Die Artischockenherzen abtropfen lassen und in Scheiben schneiden. Den Stielansatz aus den Tomaten schneiden und ebenfalls in Scheiben schneiden.
3. Alle vorbereiteten Zutaten zusammen mit Oliven, Kapern und Basilikumblättchen in die ausgehöhlte Unterseite des Baguettes füllen. Die obere Baguettehälfte darauflegen und andrücken. Das Brot fest in Frischhaltefolie wickeln und 2 bis 3 Stunden im Kühlschrank ruhen lassen.
4. Das Brot auswickeln, alle 4 bis 5 cm ein Holzstäbchen hineinstecken und genau zwischen den Holzstäbchen in Scheiben schneiden.

3 Stunden (davon 30 Minuten Arbeit)
Pro Stück: 5 g E, 5 g F, 20 g KH = 152 kcal

Vorbereiten: Statt 2 bis 3 Stunden kann das Brot auch ein paar Stunden länger im Kühlschrank ruhen. Aufschneiden sollten Sie es erst kurz vor dem Servieren.

1
2

1 GURKEN-LACHS-SANDWICHES

Für 32 Stück:
- 1 Gurke
- 16 Scheiben Sandwichtoastbrot
- 200 g Stremellachs (im Stück geräucherter Lachs) oder Räucherlachs in Scheiben
- 100 g Salatcreme (fettreduzierte Mayonnaise)
- 100 g Frischkäse (Rahmstufe)
- Salz, Pfeffer
- Spitzen von 4–5 Stielen Dill

1. Die Gurke waschen, trocken tupfen und längs halbieren. Mit einem kleinen Löffel die Kerne herausschaben und die Gurke grob raspeln. Die Gurkenraspel in ein Sieb geben, mit etwas Salz bestreuen und abtropfen lassen, bis die anderen Zutaten vorbereitet sind.
2. Die Rinde vom Toastbrot abschneiden. Den Lachs sehr fein hacken.
3. Salatcreme und Frischkäse verrühren und mit wenig Salz, Pfeffer und dem fein gehackten Dill verrühren.
4. Die Gurkenraspel im Sieb ein wenig ausdrücken und zusammen mit dem Lachs unter die Frischkäsecreme rühren. Eventuell noch einmal abschmecken, dann auf 8 Scheiben Toastbrot streichen. Je eine Scheibe Toastbrot darauflegen und etwas andrücken. Die Sandwiches fest in Frischhaltefolie wickeln und etwa 30 Minuten bis zum Servieren kalt stellen.
5. Zum Anrichten die Sandwiches zweimal diagonal durchschneiden, sodass jeweils 4 Dreiecke entstehen.

60 Minuten (davon 30 Minuten Arbeit)
Pro Stück: 3 g E, 2 g F, 7 g KH = 63 kcal

Tipp: Die Rinde vom Toastbrot trocknen lassen und im Blitzhacker zu Semmelbrösel verarbeiten.

Vorbereiten: Ein paar Stunden vorher fix und fertig zubereiten und in der Folie im Kühlschrank aufbewahren.

2 GORGONZOLA-BIRNEN-TRAMEZZINI

Für 20 Stück:
- 100 g Gorgonzola
- 80 g saure Sahne
- 2–3 Stangen Staudensellerie (150 g)
- 1 große, feste Birne (200 g)
- ½ kleiner Radicchiosalat (75 g)
- Salz, Pfeffer
- 10 Scheiben Sandwichtoastbrot

1. Den Gorgonzola ohne Rinde grob würfeln und in einer großen Schüssel mit einer Gabel zerdrücken. Die saure Sahne unterrühren.
2. Staudensellerie waschen, die Fäden auf der gewölbten Seite mit einem Messer abziehen und fein würfeln. Birne schälen, auf einer groben Reibe raspeln und mit dem Staudensellerie zur Gorgonzola-Creme geben. Radicchioblätter waschen, in feine Streifen schneiden und ebenfalls zur Creme geben. Alles gut vermischen und mit wenig Salz und Pfeffer abschmecken.
3. Die Rinde dünn vom Toastbrot abschneiden, 5 Scheiben mit der Gorgonzola-Creme bestreichen, je 1 weitere Toastbrotscheibe darauflegen und festdrücken.
4. Tramezzini in Frischhaltefolie wickeln und bis zum Servieren mind. 2 Stunden in den Kühlschrank legen.
5. Zum Anrichten die Tramezzini zweimal diagonal durchschneiden, sodass jeweils 4 kleine Dreiecke entstehen. Eventuell die Tramezzini mit einem Holzspieß fixieren und auf einer Platte anrichten.

2½ Stunden (davon 30 Minuten Arbeit)
Pro Stück: 2 g E, 3 g F, 8 g KH = 69 kcal

Vorbereiten: Tramezzini sollen einige Zeit im Kühlschrank ruhen, hier ist Vorbereiten also sogar erwünscht.

① KICHERERBSEN-BRUSCHETTA MIT PIKANTER BRATWURST

Für 20 Stück:
- 1 Dose Kichererbsen (250 g Abtropfgewicht)
- 5–6 EL Gemüsebrühe oder -fond
- 1–2 EL Zitronensaft
- 2 EL Olivenöl
- Salz, Cayennepfeffer
- Paprikapulver
- 1 Ciabattabrot (300 g)
- 3–4 getrocknete Datteln
- 1 kleine rote Zwiebel
- 4 pikant gewürzte Bratwürste (à 50 g) (z. B. Salsiccia, Merguez)

1. Den Backofengrill vorheizen.
2. Kichererbsen in ein Sieb geben und unter fließendem Wasser gründlich abspülen und abtropfen lassen. Kichererbsen in ein hohes Gefäß geben und mit Brühe, Zitronensaft und 1 EL Olivenöl pürieren. Mit Salz, Cayennepfeffer und Paprikapulver abschmecken.
3. Das Brot in 20 Scheiben schneiden und nebeneinander auf ein Backblech legen. Unter dem Backofengrill auf der obersten Schiene 2 bis 3 Minuten von jeder Seite rösten.
4. Die Kerne aus den Datteln lösen, das Fruchtfleisch in Streifen schneiden. Die Zwiebel schälen und in hauchdünne Spalten schneiden.
5. Das restliche Öl in einer Pfanne erhitzen und die Bratwürstchen rundherum etwa 3 bis 4 Minuten bei mittlerer Hitze braten.
6. Während die Würstchen braten, die Brotscheiben mit Kichererbsenpüree bestreichen. Die Würstchen schräg in dünne Scheiben schneiden, Wurststücke, Datteln und Zwiebeln auf den Broten verteilen.

30 Minuten
Pro Stück: 4 g E, 4 g F, 11 g KH = 100 kcal

Vorbereiten: Das Kichererbsenpüree ist zwar ohnehin schnell zubereitet, es nimmt aber die Lagerung von 1 bis 2 Tagen im Kühlschrank nicht übel.

② LAMMBURGER MIT KOHLRABI-TZATZIKI

Für 16 Stück:
- 1 Kohlrabi
- ½ Bund Dill
- 150 g Magerquark
- Salz, Pfeffer
- 4 Scheiben Vollkornsandwichbrot
- 1 Zwiebel
- 1 Knoblauchzehe
- 250 g Lammhack
- 1 Eigelb
- 1 EL frische oder 1 TL getrocknete Thymianblättchen
- 2 EL Olivenöl
- einige Blätter Eisbergsalat
- 100 g schwarze Oliven

1. Kohlrabi schälen und grob raspeln, Dill fein schneiden. Beides mit dem Quark verrühren, mit Salz und Pfeffer würzen.
2. Aus dem Toastbrot je 4 kleine Kreise von etwa 5 cm Durchmesser ausstechen (mit einem Plätzchen-Ausstecher oder einem dünnrandigen Glas). Die Toastkreise auf ein Backblech legen und unter dem Grill 1 bis 2 Minuten rösten.
3. Zerzupfte Toastreste mit 4 EL Wasser in eine Schüssel füllen. Zwiebel und Knoblauch schälen, fein schneiden und zugeben. Hackfleisch, Eigelb und Thymian zugeben und zu einer feinen Masse vermischen. Mit Salz und Pfeffer würzen.
4. Das Hackfleisch zwischen 2 Frischhaltefolien etwa 1 cm dick ausrollen. Obere Folie abnehmen und 5 cm große Kreise ausstechen.
5. Das Öl in einer beschichteten Pfanne erhitzen und die Hamburger darin von beiden Seiten je 2 bis 3 Minuten braten.
6. Je ein Stück Salat auf die Brotscheiben geben, darauf 1 TL Kohlrabi-Tzaziki und 1 Lammburger. Mit einem kleinen Holzspieß je 1 bis 2 Oliven darauf feststecken und den Burger gleichzeitig fixieren.

40 Minuten
Pro Stück: 5 g E, 5 g F, 5 g KH = 87 kcal

Vorbereiten: Kohlrabiquark und die portionierten Miniburger können ein paar Stunden im Kühlschrank aufbewahrt werden.

1
2

1
2

① HEILBUTT MIT MOJITOCREME

Für 20 Stück:
- 2–3 EL Limettensaft
- 1–2 EL weißer Rum
- 100 g Frischkäse (13–16 % Fett)
- 1 TL Zucker
- Salz, Pfeffer
- 4–5 Stiele frische Minze
- 1 kleine oder ½ Papaya
- 1 dünne Stange Meterbrot (350 g)
- 50 g Butter
- 250 g geräucherter Heilbutt

1. Limettensaft mit Rum, Frischkäse und Zucker verrühren, mit Salz und Pfeffer würzen. Die Minzeblättchen von den Stielen zupfen und einige schöne Blätter beiseitelegen. Die restlichen Minzeblätter in Streifen schneiden und unter die Frischkäsecreme heben.
2. Die Papaya halbieren, die schwarzen Kerne mit einem Löffel herausschaben und das Fruchtfleisch schälen. Papaya quer in dünne Spalten schneiden.
3. Das Brot in Scheiben schneiden und dünn mit Butter bestreichen. Den Heilbutt in Schollen von der Gräte trennen und mit der Papaya auf den Broten verteilen.
4. Mit je einem kleinen Klecks Mojitocreme und ein paar Streifen Minze belegen.

15 Minuten
Pro Stück: 5 g E, 3 g F, 11 g KH = 96 kcal

Tipp: Die Sauce schmeckt auch zu Räucherlachs oder -forelle.

Vorbereiten: Die Sauce hält sich 1 Tag im Kühlschrank. Die Papaya schmeckt frisch aufgeschnitten am besten.

② RÖSTBROT MIT SARDINEN

Für 15 Stück:
- 1 dünnes Stangenweißbrot (250 g)
- 2 Dosen Ölsardinen in Olivenöl (à 90 g Abtropfgewicht)
- 4 Frühlingszwiebeln
- 3–4 Tomaten
- 1 Bio-Zitrone
- grobes Meersalz, Pfeffer
- 8 Kapernäpfel (abgetropft)

1. Das Brot schräg in 15 Scheiben schneiden und die Brotscheiben im Toaster oder auf einem Blech unter dem Backofengrill knusprig rösten.
2. Die Sardinen aus dem Öl heben und mit einer Gabel in grobe Stücke zupfen. Die Zwiebeln putzen und in Ringe schneiden.
3. Die Tomaten waschen, trocken reiben und in dünne Scheiben schneiden. Die Zitrone heiß abwaschen und trocken reiben. Die Schale fein abreiben, danach die Zitrone auspressen.
4. Die Brotscheiben mit je einigen Tropfen Zitronensaft beträufeln. Als Erstes die Tomatenscheiben darauflegen und mit wenig Salz und Pfeffer würzen. Sardinen und Zwiebelringe auf den Tomatenscheiben verteilen und mit der Zitronenschale bestreuen.
5. Die Kapernäpfel je nach Größe ganz verwenden oder halbieren. Jedes Sardinenbrot mit Kapernäpfeln belegen und möglichst bald servieren.

30 Minuten
Pro Stück: 4 g E, 2 g F, 9 g KH = 78 kcal

Tipp: Statt mit Ölsardinen schmecken die spanischen Brote auch mit abgetropften Thunfischfilets aus der Dose.

Vorbereiten: Lieber nicht – das Brot weicht durch.

FEINE CANAPÉS

1. **SCHNITTLAUCHTATAR MIT RADIESCHEN-REMOULADE** » S. 30
2. **SCHINKENPÂTÉ AUF BRIOCHE** » S. 31
3. **SALTIMBOCCA MIT WACHTEL-SPIEGELEI** » S. 31
4. **ROQUEFORT-CANAPÉS MIT PORTWEINFEIGEN** » S. 32
5. **PUTENBRUST-CANAPÉS MIT PAPRIKASALSA** » S. 32
6. **GEFÜLLTE CHAMPIGNONS AUF OLIVENBROT** » S. 33

FEINE CANAPÉS

Die luxuriösen Schnittchen machen jeden Umtrunk zum Event. Mit etwas Planung und den richtigen Zutaten sind sie recht schnell zubereitet. Frisch belegt schmecken Canapés am besten. Sie können die Zutaten entspannt separat vorbereiten, also z.B. Kräuter waschen und zupfen, Früchte schneiden, Speck ausbraten, Aufstriche anrühren. Das Belegen macht dann kaum noch Mühe.

Am schnellsten geht es, wenn Sie »wie am Fließband« arbeiten: Alle Brote mit Butter bestreichen und auf die Platten legen, dann die nächste Schicht darüber und zum Schluss die Deko. Arbeiten Sie dabei in Reihen von oben nach unten und von links nach rechts. Das senkt das Risiko, dass durch herabfallende Zutaten die schöne Deko Schaden nimmt.

Die typische Basis für ein Canapé besteht aus Baguette oder Stangenweißbrot. Interessanter werden die Edelbrote allerdings, wenn Sie zur Abwechslung andere Sorten wie etwa Pumpernickel, Bauern- oder Zwiebelbrot, Ciabatta oder Laugenstangen wählen.

1 SCHNITTLAUCHTATAR MIT RADIESCHEN-REMOULADE

Für 24 Stück:

- 1 große Zwiebel
- 2–3 EL Kapern
- 2 Bund Schnittlauch
- 400 g Beefsteakhack (Tatar)
- 1 EL Senf
- 2 sehr frische Eier
- Worcestersauce
- Salz, Pfeffer
- 6–8 Radieschen
- ½ Apfel
- 100 g Salatcreme (fettreduzierte Mayonnaise)
- 2–3 TL Zitronensaft
- 25 Pumpernickeltaler

1. Zwiebel schälen und fein würfeln, Kapern grob hacken. Den Schnittlauch waschen, trocken schütteln und in feine Röllchen schneiden.

2. Beefsteakhack mit Zwiebeln, Kapern, Schnittlauch, Senf und Eiern in einer Schüssel mischen und mit Worcestersauce, Salz und Pfeffer würzen.

3. Die Radieschen waschen, Stiel- und Wurzelansatz abschneiden. 2 bis 3 beiseitelegen und die restlichen würfeln. Den Apfel waschen und trocken reiben, das Fruchtfleisch samt Schale fein würfeln.

4. Salatcreme mit Radieschen- und Apfelwürfeln mischen und mit Zitronensaft, Salz und Pfeffer abschmecken.

5. Die restlichen Radieschen in dünne Scheiben schneiden und die Brote damit belegen. Dann großzügig mit dem Schnittlauchtatar bestreichen und in die Mitte mit einem Teelöffel eine Vertiefung drücken. Die Remoulade hineingeben.

15 Minuten
Pro Stück: 5 g E, 2 g F, 5 g KH = 60 kcal

Vorbereiten: Rohes Hackfleisch sollte nur tagesfrisch verwendet werden. Bereiten Sie das Schnittlauchtatar höchstens 2 bis 3 Stunden vor dem Essen zu.

② SCHINKENPÂTÉ AUF BRIOCHE

Für 24 Stück:

- 2 Zwiebeln
- 40 g Butter
- 400 g gekochter Schinken
- 125 ml Kochsahne (15 % Fett)
- 2 TL Senf
- 2 EL Cognac oder Weinbrand
- 2 Scheiben Katenschinken (ca. 2–3 mm dick, 100 g)
- Pfeffer, Salz
- 10 Scheiben Brioche (300 g)
- 2–3 EL Röstzwiebeln
- 24 Cornichons
- 1 Beet rote Shiso- oder Gartenkresse

1. Zwiebeln schälen und würfeln. 20 g Butter erhitzen, die Zwiebeln darin 5 Minuten glasig dünsten, etwas abkühlen lassen.
2. Gekochten Schinken würfeln und mit den Zwiebeln, Sahne, Senf und Cognac mit dem Pürierstab fein zerkleinern.
3. Den rohen Schinken zuerst in dünne Streifen, dann in feine Würfel schneiden und unterheben. Mit Pfeffer und eventuell etwas Salz abschmecken und die Masse bis zum Servieren abgedeckt kalt stellen.
4. Den Backofengrill auf 220 °C vorheizen.
5. Die Brioches eventuell entrinden und diagonal durchschneiden oder Kreise ausstechen. Die Scheiben auf ein mit Backpapier belegtes Blech legen und unter dem Backofengrill 1 bis 2 Minuten knusprig rösten. Unbedingt die Brotscheiben im Auge behalten – sie werden sehr schnell knusprig braun.
6. Die Schinkenpâté großzügig auf die Briochescheiben streichen und die Brote mit Röstzwiebeln, Cornichons und Kresse garnieren.

60 Minuten (davon 45 Minuten Arbeit)
Pro Stück: 6 g E, 7 g F, 5 g KH = 110 kcal

Tipp: Die Pâté schmeckt auch auf Kastenweißbrot oder einem Bauernbrot.

Vorbereiten: Bereiten Sie die Schinkenpâté 1 bis 2 Tage vorher zu. Die feinen Häppchen sind dann schnell gemacht.

③ SALTIMBOCCA MIT WACHTELSPIEGELEI

Für 16 Stück:

- 2 Kalbsschnitzel (à ca. 180 g, vom Metzger ca. 2–3 mm dünn aufgeschnitten)
- 4 große Scheiben Parmaschinken oder anderer luftgetrockneter Schinken (100 g)
- 2–3 Stiele Salbeiblättchen
- 1 dünnes Stangenweißbrot (250 g)
- 3–4 EL Vin Santo oder Sherry medium
- einige Salatblätter
- 2 EL Olivenöl
- 1 EL Butter
- 16 Wachteleier
- Salz, grober Pfeffer

1. Jedes Schnitzel in 8 Stücke schneiden, die Schinkenscheiben vierteln. Je ein Salbeiblatt und ein Stück Schinken mit einem Holzspießchen an den Rand eines Schnitzelstücks stecken.
2. Das Brot in Scheiben schneiden, im Toaster knusprig rösten und auf eine Platte legen. Mit Vin Santo oder Sherry beträufeln und ein kleines Stück Salat darauflegen.
3. Olivenöl in einer beschichteten Pfanne erhitzen und die Schnitzel darin von beiden Seiten 2 Minuten braten. Die Schnitzelchen mit der Speck-Salbei-Seite nach oben auf die Brote legen, dabei die Holzspieße herausziehen.
4. Die Pfanne mit einem Küchenpapier auswischen, die Butter darin erhitzen und die Wachteleier als Spiegeleier braten. Mit Salz und grobem Pfeffer würzen und so auf die Saltimbocca legen, dass der Salbei noch zu sehen ist.

40 Minuten
Pro Stück: 9 g E, 4 g F, 8 g KH = 110 kcal

Tipp: Die Brote am besten so klein zubereiten, dass Ihre Gäste die Canapés im Ganzen essen können.

Vorbereiten: Stecken Sie Salbei und Schinken einige Stunden vor dem Essen auf den kleinen Schnitzelchen fest. Der Rest ist dann schnell erledigt.

④ ROQUEFORT-CANAPÉS MIT PORTWEINFEIGEN

Für 25 Stück:

- 2 EL Puderzucker
- 200 ml Portwein
- 1 Zweig frischer oder ½ TL getrockneter Rosmarin
- 4 feste Feigen
- 1 dünnes Baguette (250 g)
- 60 g Butter
- 250 g Roquefort oder anderer Blauschimmelkäse
- 20–30 g feiner Rucola (geputzt und gewaschen)

1. Den Puderzucker in einem Topf goldgelb schmelzen lassen, dabei nicht umrühren. Portwein und Rosmarin zugeben. Offen 5 bis 6 Minuten einkochen.
2. In der Zwischenzeit die Feigen schälen, halbieren und in Scheiben schneiden. Die Feigen nebeneinander in eine flache Schale legen.
3. Den Portwein über die Feigen gießen und mindestens 1 bis 2 Stunden marinieren.
4. Das Brot in 25 Scheiben schneiden und ganz dünn mit Butter bestreichen. Den Käse in 25 Scheiben schneiden und darauflegen. Mit den Portweinfeigen und feinen Rucolablättchen anrichten.

90 Minuten (davon 30 Minuten Arbeit)
Pro Stück: 3 g E, 5 g F, 8 g KH = 98 kcal

Tipp: Die feinen Brotsnacks schmecken auch mit Portweinpflaumen oder -birnen.

Vorbereiten: Die Portweinfeigen gerne 1 bis 2 Tage vorher zubereiten und kühl lagern.

⑤ PUTENBRUST-CANAPÉS MIT PAPRIKASALSA

Für 30 Scheiben:

- 1 kleine rote Paprikaschote (150 g)
- 1 kleine Zucchini (150 g)
- 2–3 Stiele Koriander
- 1 Bio-Limette
- 2 EL Olivenöl
- Salz, Pfeffer
- 1 Baguette oder Stangenweißbrot (350 g)
- 60 g Butter
- gemahlener Kreuzkümmel
- 15 hauchdünne Scheiben geräucherte Putenbrust (250 g)
- 1 TL Sesam

1. Paprika und Zucchini waschen und trocken reiben. Stielansatz der Zucchini abschneiden, Kerne und Rippen von der Paprikaschote entfernen, beides fein würfeln. Korianderblätter fein hacken und mit den Gemüsewürfeln in eine Schüssel geben. Die Limette waschen und trocken reiben. Die Schale fein abreiben, Limette halbieren und auspressen.
2. Limettensaft und -schale mit Öl, Salz und Pfeffer zur Gemüsesalsa geben und unterrühren.
3. Das Brot in 30 Scheiben schneiden. Die Brotscheiben dünn mit Butter bestreichen und mit Kreuzkümmel bestreuen.
4. Die Putenbrustscheiben halbieren und je eine Hälfte locker auf eine Brotscheibe legen. Etwas Salsa darauf verteilen und mit Sesam bestreut servieren.

30 Minuten
Pro Stück: 3 g E, 3 g F, 7 g KH = 68 kcal

Tipp: Die Salsa passt auch zu herzhaftem Käse.

Vorbereiten: Die Salsa bleibt im Kühlschrank 1 Tag frisch. Den Koriander aber erst vor dem Servieren unterheben.

⑥ GEFÜLLTE CHAMPIGNONS AUF OLIVENBROT

Für 20 Stück:

- 20 Champignons (400 g)
- 1 EL Öl für die Form
- 40 g getrocknete Tomaten in Öl
- 2 EL Mandelstifte
- 100 g Frischkäse (Rahmstufe)
- Salz, Pfeffer
- 1 kleines Olivenbrot (300 g)
- 1–2 Knoblauchzehen
- 20 kleine Radiccio-Blätter
- 20 kleine Stiele Rosmarin

1. Den Backofen auf 220 °C vorheizen.
2. Die Champignonköpfe mit Küchenpapier abreiben, die Stiele abdrehen und hacken. Champignonköpfe in eine gefettete Auflaufform geben.
3. Die Tomaten abtropfen lassen und hacken. Tomaten, Mandeln und Champignonstiele mit dem Frischkäse verrühren und mit wenig Salz und Pfeffer würzen.
4. Die Mischung in die Pilzköpfe füllen und im Backofen auf der oberen Schiene 10 bis 12 Minuten garen.
5. Das Olivenbrot in Scheiben schneiden. Die Knoblauchzehe schälen und halbieren. Knoblauchzehe mit der Schnittfläche über die Brotscheiben reiben, danach kann der Knoblauch weggeworfen werden.
6. Jedes Brot mit einem Stück Salat belegen und einen lauwarmen Champignonkopf daraufgeben. Mit einem Rosmarinzweig fixieren.

40 Minuten (davon 25 Minuten Arbeit)
Pro Stück: 2 g E, 4 g F, 4 g KH = 66 kcal

Tipp: Die Pilze schmecken auch ohne Brot.

Vorbereiten: Einige Stunden vor dem Essen können Sie die Pilze putzen und die Füllung zubereiten.

IDEEN FÜR FIXE CANAPÉS

Bratenschnittchen
Brote dünn mit Senf bestreichen und hauchdünn geschnittenen Schweinebraten daraufgeben. Mit einem Stück Backpflaume garnieren.

Aspikschnittchen
Brote mit Mayonnaise bestreichen, darauf Hähnchensülze anrichten, mit Orangenstückchen und Petersilie dekorieren.

Pastetenschnittchen
Leberpastete üppig auf die Brote streichen. Darauf Röstzwiebeln und ein Stück knusprig gebratenen Bacon legen.

Eischnittchen
Brote dünn mit Butter bestreichen, mit Scheiben von hart gekochten Eiern belegen. Mit einem Klecks Remoulade garnieren. Rote Chilischoten hauchdünn schneiden und die Canapés damit bestreuen.

Krabbenschnittchen
Nordseekrabbensalat mit viel frischem Dill verrühren und auf die Brotscheiben verteilen. Kirschtomaten in dünne Scheiben schneiden und die Brote damit garnieren.

Frischkäseschnittchen
Brotscheiben ganz dünn mit cremigem Honig bestreichen, darauf eine Scheibe Ziegenfrischkäse legen, mit Schnittlauchröllchen und Walnusshälften dekorieren.

Scharfe Käseschnittchen
Feigensenf auf Brotscheiben streichen, darauf eine Scheibe Tilsiter (nach Geschmack eine milde oder scharfe Sorte) legen. Mit halbierten blauen und grünen Trauben garnieren.

① MEXICAN-THUNA-BAGELS

Für 20 Stück:

- 2 Dosen Thunfisch natur (à 150 g Abtropfgewicht, mit MSC-Siegel)
- 1 Zwiebel
- 1 Knoblauchzehe
- ½–1 Chilischote
- 3–4 Stiele Koriander
- 2 EL Naturjoghurt
- 2 EL Salatcreme (fettreduzierte Mayonnaise)
- Salz
- 100 g Eisbergsalat
- 1 Avocado
- 5 Bagels

1. Den Thunfisch in einem Sieb abtropfen lassen. In einer Schüssel mit einer Gabel zerkleinern.
2. Zwiebel und Knoblauch schälen und sehr fein würfeln, Chilischote ganz fein hacken. Die Korianderblättchen von den Stielen zupfen und fein schneiden.
3. Zwiebel, Knoblauch, Chili, Koriander, Joghurt und Salatcreme unter den Thunfisch heben und mit Salz abschmecken.
4. Eisbergsalat waschen, trocken schütteln oder schleudern und in feine Streifen schneiden. Avocado halbieren, den Kern entfernen, das Fruchtfleisch herauslösen und in dünne Scheiben schneiden.
5. Die Bagels quer halbieren und die Thunfischcreme auf alle Hälften streichen. Eisbergsalat und Avocados auf den unteren Hälften der Bagels verteilen, die Oberseiten daraufsetzen und leicht andrücken. Jeweils 4 Holzstäbchen in einen Bagel stecken und in 4 Teile schneiden.

30 Minuten
Pro Stück: 5 g E, 2 g F, 10 g KH = 84 kcal

Vorbereiten: Die Bagels nehmen 1 bis 2 Stunden Wartezeit im Kühlschrank nicht übel, beträufeln Sie die Avocadoscheiben mit etwas Zitronensaft, damit sie schön grün bleiben.

② KLEINE TOASTPIZZEN

Für 32 Stück:

- 2 Bund Frühlingszwiebeln
- 500 g Champignons
- 2 EL Raps- oder Olivenöl
- 1 Dose Zuckermais (285 g Abtropfgewicht)
- Salz, Pfeffer
- 2 Stiele oder 1 TL getrockneter Thymian
- 8 Scheiben Vollkorntoastbrot
- 8 TL grünes Pesto (60 g)
- 5–6 Tomaten
- 150 g geriebener Käse (z. B. Emmentaler)

1. Lauchzwiebeln unter fließendem Wasser waschen und in Ringe schneiden. Den Stielansatz von den Pilzen abschneiden, die Kappen mit Küchenpapier abreiben und in Scheiben schneiden.
2. Den Backofen auf 200 °C vorheizen.
3. Öl in einer beschichteten Pfanne erhitzen, Pilze und Lauch darin 5 bis 8 Minuten bei mittlerer Hitze garen. Mais in ein Sieb geben und abtropfen lassen. Den Mais zu den Pilzen geben und das Gemüse mit Salz, Pfeffer und Thymianblättchen würzen.
4. Inzwischen die Toastbrotscheiben dünn mit je 1 TL Pesto bestreichen, die Scheiben vierteln und auf ein mit Backpapier belegtes Blech legen. Die Tomaten waschen und in dünne Scheiben schneiden.
5. Je 1 EL Pilzmischung auf die Toastscheiben geben und je 1 Tomatenscheibe darauflegen. Den Käse darüberstreuen und auf der mittleren Schiene etwa 15 Minuten backen. Heiß oder lauwarm servieren.

45 Minuten (davon 30 Minuten Arbeit)
Pro Stück: 3 g E, 3 g F, 5 g KH = 66 kcal

Vorbereiten: Die Gemüsemischung einige Stunden vorher zubereiten und abgedeckt beiseitestellen. Nicht allzu lange vor dem Backen auf die Toastscheiben geben, sonst weicht das Brot durch.

1
2

SMÖRREBRÖD MIT RÜHREI

Für 20 Stück:

- 5 Eier
- 50 g saure Sahne
- Salz, Pfeffer
- 1 Bund Dill
- 5 Scheiben Vollkornkastenbrot
- 70 g Sahnemeerrettich (Glas oder Tube)
- 100 g Gurke
- 5 Scheiben Vollkorntoastbrot
- 150 g Graved Lachs oder Räucherlachs
- 1 EL Butter

1. Eier, saure Sahne, Salz und Pfeffer mit einem Schneebesen gut verquirlen. Den Dill waschen, trocken schütteln und die Ästchen abzupfen. Einige zum Garnieren beiseitelegen, den Rest hacken und untermischen.
2. Die Kastenbrotscheiben dünn mit Sahnemeerrettich bestreichen. Restlichen Meerrettich bis zur Dekoration beiseitelegen.
3. Die Gurke waschen und in dünne Scheiben schneiden oder hobeln und auf den Brotscheiben verteilen. Das Toastbrot im Toaster rösten und abkühlen lassen. Den Lachs in Streifen schneiden.
4. Die Butter in einer beschichteten Pfanne erhitzen und das Rührei bei milder Hitze darin 4 bis 5 Minuten stocken lassen. Dabei mit einem Pfannenwender immer wieder in großen Stücken zur Mitte schieben.
5. Das Rührei auf den Brotscheiben verteilen, die Toastbrotscheiben darauflegen. Die Sandwiches mit einem Messer vierteln.
6. Auf jedes Brot etwas Sahnemeerrettich, Graved Lachs und Dillzweige geben und sofort servieren.

40 Minuten
Pro Stück: 5 g E, 5 g F, 8 g KH = 97 kcal

Vorbereiten: Auch mit kaltem Rührei schmecken die skandinavischen »Pausenbrote«: Wickeln Sie die geschichteten Scheiben in Frischhaltefolie und lagern Sie sie bis zu 3 Stunden im Kühlschrank. Danach vierteln, dekorieren und servieren.

GAZPACHO
Linsen-Hummus
Kokossuppe mit Tomaten-Koriander-Croûtons
PARMESANMOUS
mit Kräuter

SUPPENSHOTS, MOUSSES UND DIPS

Wenn hocharomatische Süppchen als »Shot« in kleinen Gläsern serviert werden, ist das selbst für gewiefte Buffetkenner noch immer ein Erlebnis. Fluffig-pikante Moussevariationen sind eine raffinierte Abwechslung, weil sie eine ganz besondere Textur haben und zum tollen Geschmack ein überraschendes Mundgefühl kommt. Und cremige Dips gehen immer – wenn Cracker oder Gemüsesticks zum Eintunken in der Nähe sind.

1
2

1 GAZPACHO A GUSTO

Für 12 Portionen:
- 1 Salatgurke (500 g)
- 2 gelbe Paprikaschoten (à 200 g)
- 200 g kleine Cherrytomaten
- 1 Zwiebel
- 3 hart gekochte Eier
- 1 Bund Petersilie
- 3 Scheiben Toastbrot
- 4 Strauchtomaten
- 1–2 Knoblauchzehen
- 1 l Tomatensaft
- 3 EL Olivenöl
- 2–3 EL Weißweinessig
- Tabasco, Salz, Zucker
- außerdem: 6–8 Eiswürfel, Crushed Ice

1. Das Gemüse säubern. ¼ Salatgurke und 1 gelbe Paprikaschote fein würfeln, die Cherrytomaten halbieren oder vierteln, die Zwiebel fein würfeln.
2. Die Eier pellen und hacken. Petersilienblättchen von den Stielen zupfen. Das Toastbrot doppelt toasten und in feine Würfel scheiden. Alle vorbereiteten Zutaten einzeln in kleine Schüsseln füllen.
3. Die restliche Salatgurke und Paprikaschote, Strauchtomaten, Knoblauch, Tomatensaft sowie 6 bis 8 Eiswürfel pürieren und mit Olivenöl, Essig, Tabasco, Salz und Zucker abschmecken.
4. Die Suppe in Gläser oder Tassen füllen und auf einer Schale mit Crushed Ice servieren. Die Gemüsetoppings dazustellen, sodass sich jeder nach Geschmack bedienen kann.

40 Minuten
Pro Portion: 3 g E, 4 g F, 7 g KH = 83 kcal

Vorbereiten: Rohes Gemüse verliert schnell an Knackigkeit. 2 bis 3 Stunden abgedeckt im Kühlschrank – mehr sollten die Zutaten nicht aushalten müssen.

2 KALTES KARTOFFELSÜPPCHEN

Für 12 Portionen:
- 500 g Kartoffeln (vorwiegend festkochend oder mehlig)
- 1 Stange Porree (400 g)
- 1 l Geflügelbrühe
- 100 ml Sahne
- Salz, Pfeffer
- 1–2 EL Zitronensaft
- 4 dünne Scheiben Serranoschinken (60 g)
- 12 grüne Oliven
- 1–2 EL Knoblauchöl

1. Kartoffeln schälen und würfeln, Porree längs halbieren, gut abwaschen und in Ringe schneiden.
2. Kartoffeln und Porree in einen Topf geben, Geflügelbrühe zugießen. Die Suppe aufkochen und zugedeckt 20 Minuten garen.
3. Die Sahne zugießen und die Suppe pürieren – wer ganz feine Suppen mag, passiert sie noch durch ein Sieb. Mit Salz, Pfeffer und Zitronensaft abschmecken und mind. 2 Stunden kalt stellen.
4. Die Schinkenscheiben dritteln und je 1 Stück Schinken und 1 Olive auf kleine Spieße stecken.
5. Die Suppe eventuell noch einmal abschmecken, in hohe Schnapsgläser (z. B. für Grappa) füllen, mit einigen Tropfen Öl beträufeln und je 1 Oliven-Schinken-Spieß dazulegen.

50 Minuten (davon 20 Minuten Arbeitszeit)
Pro Portion: 3 g E, 5 g F, 6 g KH = 86 kcal

Tipp: Statt Knoblauchöl schmeckt die Suppe auch mit Kürbiskernöl oder – ganz edel – mit Trüffelöl.

Vorbereiten: Aber sicher – die Suppe kühlt über Nacht im Kühlschrank gut aus.

KOKOSSUPPE MIT TOMATEN-CROÛTONS

1. Zitronengras waschen, ohne Stielansatz in grobe Stücke schneiden. Ingwer schälen und hacken, Chilischote waschen, ohne Stiel halbieren. Zwiebel und 1 Knoblauchzehe schälen und würfeln.
2. Öl in einem Topf erhitzen und alle vorbereiteten Zutaten darin 3 bis 4 Minuten glasig dünsten. Mit Gemüsefond und Kokosmilch auffüllen und 10 Minuten bei milder Hitze garen. Die Suppe durch ein Sieb in einen zweiten Topf gießen.
3. Limette waschen und trocken reiben. 2 TL Limettenschale fein abreiben und beiseitestellen. Die Limette halbieren und auspressen. Saft mit Stärke verrühren und in die Suppe rühren. Einmal aufkochen und mit Salz, Pfeffer und Zucker abschmecken.
4. Tomate waschen und trocken reiben. Den Stielansatz entfernen und das Fruchtfleisch würfeln. Korianderblättchen fein schneiden und unter die Tomaten heben. Ein paar Blättchen aufheben. Mit Limettenschale, Salz und Pfeffer würzen. Suppe in 12 Gläser füllen, mit restlichem Koriander anrichten.
5. Das Baguette im Toaster oder unter dem Grill knusprig rösten. Zweite Knoblauchzehe ohne Schale halbieren. Den Knoblauch auf den Brotscheiben abreiben. Tomatenmischung daraufgeben und zur Suppe servieren.

45 Minuten
Pro Portion: 2 g E, 7 g F, 12 g KH = 128 kcal

Vorbereiten: Die Suppe kann komplett vorbereitet werden. Sie bleibt mindestens 2 bis 3 Tage frisch, wenn Sie sie nach dem Kochen in Eiswasser schnell herunterkühlen und dann sofort abgedeckt in den Kühlschrank stellen.

Für 12 Portionen:
- 2 Stiele Zitronengras
- 20 g Ingwer
- 1 rote Chilischote
- 1 Zwiebel
- 2 Knoblauchzehen
- 2 EL Rapsöl
- 1 l Gemüsebrühe oder -fond
- 400 ml Kokosmilch
- 1 Bio-Limette
- 1 gehäufter EL Speisestärke
- Salz, Pfeffer, Zucker
- 1 Fleischtomate (250 g)
- ½ Bund Koriander
- 12 Scheiben Baguette (150 g)

2
1

1 FORELLEN-MEERRETTICH-DIP

Für 8–10 Portionen:
- 100 g körniger Frischkäse (Hüttenkäse)
- 250 g fettarmer Naturjoghurt (1,5 % Fett)
- 2–3 TL Meerrettich (Glas oder Tube)
- Salz, Pfeffer
- 2–3 TL Zitronensaft
- 150 g geräucherte Forellenfilets
- 4 Frühlingszwiebeln
- 1 kleiner Apfel (150 g)

1. Hüttenkäse, Joghurt und Meerrettich in einer Schüssel verrühren und mit Salz, Pfeffer und Zitronensaft abschmecken.
2. Die Forellenfilets in kleine Stücke schneiden. Frühlingszwiebeln gründlich unter fließendem Wasser waschen, trocken schütteln und in feine Ringe schneiden.
3. Den Apfel waschen und trocken reiben. Mit der Schale auf einer groben Reibe rundherum raspeln, bis nur noch das Kerngehäuse übrig ist.
4. Forelle, Frühlingszwiebeln und Apfel unter die Creme heben und eventuell noch einmal abschmecken.

20 Minuten
Pro Portion (bei 10): 5 g E, 1 g F, 4 g KH = 52 kcal

Tipp: Die Creme können Sie mit Gemüsesticks, z. B. aus Möhren, Gurken und Staudensellerie, aufdippen. Der Fischdip schmeckt ebenso gut als Aufstrich für Pumpernickeltaler oder geröstetes Bauernbrot.

Vorbereiten: Frühlingszwiebeln und Apfelraspel bleiben nicht länger als ein paar Stunden knackig, bereiten Sie den Dip nicht mehr als 2 bis 3 Stunden vor dem Essen zu.

2 FISCH-RILLETTES

Für 15 Portionen:
- 2 EL Zitronensaft
- 1 Lorbeerblatt
- Salz
- 1 TL Pfefferkörner
- 300 g Kabeljaufilet
- 3–4 Cornichons
- 2 TL rote Pfefferbeeren
- 3–4 Stiele oder ½ TL getrockneter Estragon
- 3 EL sehr weiche Butter
- je 1 EL süßer und mittelscharfer Senf
- 200 g geräucherte Makrele

1. 100 ml Wasser mit Zitronensaft, Lorbeerblatt, 1 TL Salz und Pfefferkörnern aufkochen, die Kabeljaufilets hineinlegen und bei kleiner Hitze zugedeckt 5 Minuten ziehen lassen. Den Fisch auf einen Teller legen und abkühlen lassen.
2. Cornichons fein würfeln, Pfefferbeeren grob hacken. Estragonblättchen von den Stielen zupfen und fein schneiden. Butter mit Senf verrühren, Cornichons, die Hälfte der Pfefferbeeren und Estragon unterrühren.
3. Den Kabeljau und die geräucherte Makrele mit 2 Gabeln fein zerzupfen, dabei eventuell vorhandene Gräten entfernen. Fisch und Senfbutter miteinander vermischen, mit Salz würzen und bis zum Servieren kalt stellen.
4. Mit 2 Esslöffeln Nocken formen und auf kleine Teller setzen. Mit den restlichen Pfefferbeeren und eventuell Estragonblättchen garnieren.

30 Minuten
Pro Portion: 6 g E, 8 g F, 0 g KH = 98 kcal

Tipp: Roggenbrotstreifen oder Roggenknäckebrot lassen sich hervorragend in die Rillettes dippen.

Vorbereiten: Unbedingt! Zum Durchziehen in eine gut schließende Kunststoffdose oder ein sauberes Schraubglas füllen und für 1 bis 2 Tage in den Kühlschrank legen.

BILDSCHÖNE MOUSSES

3
5
6
4

BILDSCHÖNE MOUSSES

Die luftigen Cremes schmelzen auf der Zunge. Ihr größter Vorteil: Man kann sie schon 2 bis 3 Tage vor dem Essen zubereiten.

Sie können alle Moussevarianten in Kuchenformen oder Schüsseln füllen und nach dem Stürzen einfach in Scheiben schneiden. Nur noch mit einer kleinen Deko versehen und servieren. Eine andere Möglichkeit: Die Mousse zum Stocken gleich in Portionsgläser gießen und mit Löffel servieren.

Besonders schön sind die Mousses in Form von Nocken. Man formt sie am besten so: Ess- oder Teelöffel in heißes Wasser tauchen und mit einer Drehbewegung ovale Klößchen aus der gestockten Masse abstechen.

Soll die Mousse gestürzt werden, muss sie mehr Festigkeit haben als Cremes, die im Glas serviert werden. Richtwert für eigene Kreationen: 4 Blatt Gelatine reichen für 500 g Creme, für eine sturzfähige Mousse mindestens 5 Blatt nehmen.

1 PARMESANMOUSSE MIT KARAMELLISIERTEN TOMATEN

Für 15 Stück:

- 4 Blatt weiße Gelatine
- je 1 Zweig Rosmarin und Thymian
- 250 ml Milch
- 1 Knoblauchzehe
- 100 g Parmesan
- 100 ml Sahne
- Salz, Pfeffer
- 300 g sehr kleine Kirschtomaten
- 1 EL Olivenöl
- 1 EL Puderzucker

1. Gelatine in kaltem Wasser einweichen.
2. Rosmarin und Thymian waschen, mit der Milch in einen kleinen Topf geben. Die Knoblauchzehe schälen, halbieren und zugeben. Offen erhitzen, aber nicht aufkochen.
3. Kräuter und Knoblauch aus der Milch nehmen und wegwerfen. Den Parmesan reiben und unter Rühren in der Milch auflösen.
4. Die Gelatine ausdrücken und in der heißen Milch auflösen. Die Parmesanmilch in eine Schüssel umfüllen und kalt stellen.
5. Eine hohe, eckige Form (ca. 10 cm × 15 cm) mit Frischhaltefolie auskleiden. Sobald die Creme anfängt zu gelieren, die Sahne steif schlagen und unterheben. Mit wenig Salz und Pfeffer abschmecken und in die Form füllen. Abgedeckt 2 bis 3 Stunden kalt stellen.
6. Die Tomaten waschen und die Schale mit einem Holzstäbchen einige Male einstechen.
7. Das Öl in einer beschichteten Pfanne erhitzen. Die Tomaten zugeben und den Puderzucker darüberstreuen. Bei mittlerer Hitze 2 bis 3 Minuten braten. Mit Salz und Pfeffer würzen und lauwarm abkühlen lassen.
8. Die Mousse stürzen und in 15 Quadrate schneiden. Auf Portionstellern oder einer Servierplatte anrichten und mit den Tomaten servieren.

3 ½ Stunden (davon 40 Minuten Arbeitszeit)
Pro Stück: 3 g E, 5 g F, 2 g KH = 70 kcal

Vorbereiten: Die Mousse muss gut durchkühlen. 1 bis 2 Tage vor dem Essen können Sie sie zubereiten.

② MEERRETTICH-QUARK-TERRINE MIT KÜRBISDRESSING

Für 16 Portionen:
- 6 Blatt weiße Gelatine
- 500 g Magerquark
- 250 g Sahnequark
- 2–3 EL Meerrettich (Glas oder Tube)
- Zucker, Salz, Pfeffer
- 125 ml Apfelsaft
- 1 rote Zwiebel
- 1 Bund Schnittlauch
- 2 EL Kürbiskerne
- 2 EL Apfel- oder Weinessig
- 3 EL Kürbiskernöl

1. Gelatine in kaltem Wasser einweichen.
2. Beide Sorten Quark mit dem Meerrettich verrühren, mit einer Prise Zucker, Salz und wenig Pfeffer abschmecken. 100 ml Apfelsaft erwärmen, die Gelatine darin auflösen. Zuerst ein wenig von der Quarkmasse in die Gelatine rühren, dann die Gelatine zügig unter die Quarkmasse ziehen.
3. Eine rechteckige Form (z. B. eine kleine Kastenform von 20 cm) mit Frischhaltefolie auskleiden und die Quarkmasse einfüllen. Abgedeckt mind. 6 Stunden kalt stellen.
4. Die Zwiebel schälen und würfeln, Schnittlauch in ½ cm breite Röllchen schneiden, die Kürbiskerne grob hacken.
5. Essig, den restlichen Apfelsaft (3 EL) und Öl verrühren, Zwiebeln, Schnittlauch und Kürbiskerne unterrühren. Das Dressing mit Salz, Pfeffer und einer Prise Zucker abschmecken.
6. Die Mousse aus der Form stürzen und in 8 Scheiben schneiden, die Scheiben diagonal durchschneiden.
7. Je 1 Stück Mousse auf kleine Servierteller oder alle Scheiben auf eine Platte legen und das Dressing darauf verteilen.

6 ½ Stunden (davon 20 Minuten Arbeitszeit)
Pro Portion: 7 g E, 4 g F, 4 g KH = 87 kcal

Tipp: Noch besser schmeckt's mit frisch geriebenem Meerrettich.

Vorbereiten: Absolut erwünscht – 2 Tage vorher kann die Mousse zubereitet werden. Das Dressing bleibt ein paar Stunden im Kühlschrank frisch.

③ SCHARFE TOMATENMOUSSE MIT KRABBEN

Für 15 Portionen:
- 7 Blatt weiße Gelatine
- 1 Dose Tomatenstückchen (400 g)
- 150 g Naturjoghurt
- 1–2 EL Zitronensaft
- Salz, Pfeffer, Chiliflocken
- 2–3 TL Zucker
- 150 ml Sahne
- ½ Bund Rucola (ca. 30 g)
- 100 g Nordseekrabbenfleisch

1. Gelatine in kaltem Wasser einweichen.
2. Tomaten und Joghurt in eine hohe Schüssel geben und fein pürieren. Mit Zitronensaft, Salz, Pfeffer, Chilischote und Zucker abschmecken. Die Gelatine bei milder Hitze in einem kleinen Topf auflösen und zuerst etwas vom Tomatenpüree unter die Gelatine, dann die Gelatinemasse unter das restliche Tomatenpüree rühren. Die Masse kalt stellen.
3. Die Sahne steif schlagen und unter die Creme rühren, sobald sie anfängt zu gelieren. In Portionsgläser füllen und 2 bis 3 Stunden kalt stellen.
4. Rucola waschen und fein hacken, mit den Krabben mischen.
5. Auf jedes Portionsglas etwas von der Krabben-Rucola-Mischung geben und sofort servieren.

2 ½ Stunden (davon 30 Minuten Arbeitszeit)
Pro Stück: 3 g E, 3 g F, 2 g KH = 53 kcal

Tipp: Sie können die Tomatenmasse auch in eine flache Schale geben und zum Servieren mit einem Esslöffel Nocken aus der Masse abstechen.

4 KRÄUTER-GURKEN-MOUSSE

Für 15 Portionen:
- 6 Blatt weiße Gelatine
- 1 Salatgurke
- 1–2 Knoblauchzehen
- je 1 Bund Petersilie und Dill
- 3–4 Stiele Pfefferminze
- 300 g Naturjoghurt
- Salz, Pfeffer
- 150 g Schlagsahne

1. Gelatine in kaltem Wasser einweichen.
2. Gurke schälen und längs halbieren. Die Kerne mit einem Löffel herausschaben und das Fruchtfleisch grob raspeln.
3. Knoblauchzehe schälen und fein hacken. Kräuter waschen, trocken tupfen, einige schöne Blättchen beiseitelegen. Dillspitzen, Petersilien- und Minzeblättchen fein schneiden.
4. Den Joghurt glattrühren, Kräuter, Knoblauch und Gurke unterheben. Mit Salz und Pfeffer abschmecken.
5. Die Gelatine tropfnass bei geringer Hitze in einem kleinen Topf auflösen. Zuerst etwas von der Joghurtmasse in die Gelatine rühren, dann die Gelatinemasse unter den restlichen Joghurt rühren.
6. Die Sahne steif schlagen und unterheben, noch einmal abschmecken.
7. Die Masse in Portionsförmchen oder Tassen füllen und 2 bis 3 Stunden fest werden lassen. Die Mousse mit einem spitzen Messer rundum vom Förmchen lösen und auf kleine Teller oder eine Platte stürzen. Mit den restlichen Kräutern belegen.

3½ Stunden (davon 30 Minuten Arbeitszeit)
Pro Portion: 2 g E, 3 g F, 2 g KH = 47 kcal

Tipp: Wer keine kleinen Förmchen hat, nimmt eine rechteckige Kuchenform und schneidet die gestürzte Mousse in Scheiben.

Vorbereiten: Bereiten Sie die Mousse 1 bis 2 Tage vor dem Essen zu. Abgedeckt im Kühlschrank übersteht sie diese Zeit problemlos. Die Kräuter für die Dekoration erst am Tag des Essens kaufen oder in einem Plastikbeutel im Gemüsefach aufbewahren.

5 GEFLÜGELLEBERCREME AUF APFELSCHEIBEN

Für 20 Stück:
- 3 Blatt weiße Gelatine
- 2 Zwiebeln
- 400 g Geflügelleber
- 80 g Butter
- Salz, Pfeffer, Zucker
- 2 EL frischer oder ½–1 TL getrockneter Majoran
- 3 EL Apfelsaft
- 150 g Sahne
- 2 Stangen Staudensellerie
- 2–3 Äpfel (am besten rotschalige Sorte)

1. Gelatine in kaltem Wasser einweichen.
2. Zwiebeln schälen und würfeln, die Leber grob zerteilen und sichtbare Sehnen abschneiden.
3. 60 g Butter in einer Pfanne erhitzen, Leber und Zwiebeln darin 8 bis 10 Minuten dünsten. Die Mischung mit einem Pürierstab zerkleinern, dabei mit Salz, Pfeffer und Majoran würzen.
4. Die Gelatine mit dem Apfelsaft bei milder Hitze erwärmen, bis sich die Gelatine auflöst, zur Lebercreme geben und untermixen.
5. Die Sahne steif schlagen und unter die Lebercreme heben. Noch einmal abschmecken. Die Creme in eine Schüssel füllen und kalt stellen.
6. Vor dem Servieren den Staudensellerie waschen, die Fäden an der gewölbten Seite mit einem Messer abziehen und die Stangen in feine Scheiben schneiden.
7. Das Kerngehäuse mit einem Ausstecher aus den Äpfeln trennen. Die Äpfel in Scheiben schneiden und in der restlichen Butter von beiden Seiten 1 bis 2 Minuten goldbraun braten, dabei mit Zucker, Salz und Pfeffer würzen.
8. Apfelscheiben auf eine Platte legen, die Creme mit einem Esslöffel in Nocken abstechen und daraufgeben. Mit Staudensellerie bestreut servieren.

4 Stunden (davon 45 Minuten Arbeitszeit)
Pro Portion: 5 g E, 6 g F, 5 g KH = 100 kcal

Vorbereiten: Die Mousse sollte unbedingt ein paar Stunden, am besten 1 Nacht, im Kühlschrank fest werden.

⑥ SPARGELFLANS

Für 24 Stück:
- 500 g grüner Spargel
- 1 Zwiebel
- 2 EL Olivenöl
- 75 ml trockener Sherry
- 100 ml Kochsahne (15 % Fett)
- 3 Eier
- Salz, Pfeffer, geriebene Muskatnuss, Zucker
- 10 g flüssige Butter
- 75 g Chorizo in dünnen Scheiben (spanische Paprikasalami)
- außerdem: Minimuffinblech mit 24 Mulden

1. Die Enden vom Spargel abschneiden. Die Zwiebel schälen und würfeln.
2. Olivenöl erhitzen, Spargel und Zwiebeln zugeben und 3 bis 4 Minuten dünsten. Den Sherry dazugießen und offen in 4 bis 5 Minuten verkochen lassen. Wenn der Spargel noch nicht gar ist, wenig Wasser zugeben und zugedeckt 2 bis 3 Minuten weitergaren.
3. Ein tiefes Backblech mit Wasser etwa 2 cm hoch füllen, in den Ofen schieben und auf 180 °C erhitzen.
4. Den Spargel in einem hohen Gefäß mit Ausguss (z. B. Litermaß) pürieren, Sahne und Eier zugeben und kurz zu einer glatten Masse mixen. Mit Salz, Pfeffer, Muskatnuss und einer Prise Zucker abschmecken.
5. Die Mulden des Muffinbackblechs mit der Butter auspinseln und die Spargelmasse randvoll hineingießen. Das Muffinblech auf das Wasserbad stellen und etwa 20 Minuten backen.
6. Spargelflans abkühlen lassen, dann mit einem kleinen Löffel vom Rand lösen und auf eine Platte legen. Die Chorizoscheiben halbieren, die Flans oben mit einem spitzen Messer einschneiden und die aufgedrehten Chorizoscheiben hineinstecken.

90 Minuten (davon 30 Minuten Arbeitszeit)
Pro Stück: 2 g E, 3 g F, 1 g KH = 45 kcal

Tipp: Für eine vegetarische Variante setzen Sie einen kleinen Klecks Mayonnaise und eine halbe Kirschtomate oder ein Stück rote Paprikaschote darauf.

Vorbereiten: Im Kühlschrank halten die Flans ca. 1 Tag, vor dem Servieren Zimmertemperatur annehmen lassen.

FEINE ÖLE ZUM VEREDELN

Aromareiche, kalt gepresste Öle eignen sich wunderbar als Topping und zum Würzen von Suppen und anderem Fingerfood. Schon wenige Tropfen genügen, um Häppchen zu verfeinern.

Natürlich aromatische Öle
Die Gruppe der Nuss- und Saatenöle bietet reichlich Auswahl. Die intensivsten Aromen liefern Schwarzkümmel- und Haselnussöl. Man kann sie deshalb gut mit neutral schmeckenden Ölen »verdünnen«. Walnuss-, Traubenkern- und Mandelöle schmecken dezenter und runden fast jede Mousse ab. Kürbiskern- und geröstetes Sesamöl setzen dagegen starke Akzente bei milden Moussevarianten.

Aromatisierte Würzöle
Sie basieren auf hochwertigem Oliven-, Raps- oder Sonnenblumenöl und werden mit aromatischen Extrakten und Kräuterauszügen veredelt. Trüffel- und Steinpilzöl, Zitronen- und Lemongrasöl, Chiliöl, Thymian-, Bärlauch-, Rosmarinöl und Ingweröl werden im Internet, im Feinkosthandel und in Bioläden angeboten.

Kalt gepresste Öle sind meist empfindlich und können in wenigen Monaten viel von ihrer Qualität einbüßen. Kaufen Sie daher nur kleine Mengen in dunklen Flaschen oder Dosen.

Tipp: Intensiv schmeckende Öle sind nicht jedermanns Sache. Stellen Sie sie separat zur Selbstbedienung neben die Süppchen.

ESSBARES BESTECK

Die Mousses können Sie pur löffeln oder mit Brotchips und Streifen von Knäckebrot aufdippen. Brotchips sind im Nu selbstgemacht: Ein Brötchen vom Vortag in hauchdünne Scheiben schneiden und dünn mit Oliven- oder Knoblauchöl bestreichen. Im vorgeheizten Backofen bei 200 °C 8 bis 10 Minuten knusprig rösten.

FRUCHTIGE CURRYSUPPE MIT HÜHNCHENSPIESS

Für 16 Portionen:
- 3 Kartoffeln
- 3 Zwiebeln
- 2 kleine Äpfel
- 1 Banane
- 1 EL Butter
- 2–3 EL Currypulver
- 1 l Geflügelbrühe oder -fond
- 50 g Naturjoghurt
- 50 g Sahne
- Salz, Pfeffer
- 2 Hähnchenbrustfilets (ca. 300 g)
- 2 EL Kokosraspel
- 2 EL Rapsöl

1. Kartoffeln, Zwiebeln und Äpfel schälen und würfeln. Die Banane schälen und in Scheiben schneiden.
2. Butter in einem Topf erhitzen, Zwiebeln darin bei milder Hitze 5 Minuten glasig dünsten. Currypulver darüberstreuen und 30 Sekunden anschwitzen, bis es würzig duftet. Kartoffeln, Apfel und Banane zugeben, die Brühe dazugießen und die Suppe 20 Minuten zugedeckt bei milder Hitze ziehen lassen.
3. Joghurt und Sahne zugießen und mit dem Pürierstab glatt pürieren. Mit Salz, Pfeffer und eventuell weiterem Currypulver abschmecken.
4. Während die Suppe kocht, das Hähnchenfleisch in lange Streifen schneiden und wellenförmig auf 16 Holzstäbchen stecken. Kokosraspel auf einen Teller geben und die Spieße darin wenden.
5. Öl in einer beschichteten Pfanne erhitzen und die Hähnchenspieße rundherum in 2 Portionen nacheinander 5 Minuten bei mittlerer Hitze goldbraun braten.
6. Die Suppe in Gläser oder kleine Schalen gießen und mit den Hähnchenspießen servieren.

50 Minuten (davon 30 Minuten Arbeitszeit)
Pro Portion: 6 g E, 4 g F, 7 g KH = 92 kcal

Tipp: Schneller geht's, wenn Sie statt der Spieße einige Scheiben geräucherte Putenbrust in Streifen schneiden und auf die heiße Suppe geben.

Vorbereiten: Die Suppe am Vortag zubereiten und schnell abkühlen lassen. Das gelingt zum Beispiel, wenn Sie die Suppe aus dem Topf in eine Schüssel füllen und diese in eine größere Schüssel mit Eiswasser stellen. Die Hähnchenspieße lieber frisch zubereiten.

1 GEFÜLLTE TOMATEN MIT RICOTTACREME

Für 24 Stück:
- 12 mundgerechte Tomaten (à ca. 50 g)
- 1 kleine Zwiebel
- 1 Gewürzgurke
- ½ Bund Schnittlauch
- 250 g Ricotta
- 1 TL Senf
- 2 TL Paprikapulver
- Salz, Pfeffer

1. Tomaten halbieren und die Kerne mit einem kleinen Löffel herausschaben.
2. Zwiebel schälen und fein würfeln. Die Gewürzgurke ebenfalls in feine Würfel schneiden. Schnittlauch waschen, trocken schütteln und in Röllchen schneiden.
3. Ricotta mit Zwiebel- und Gurkenwürfeln, Schnittlauch, Senf und Paprikapulver verrühren, mit Salz und Pfeffer abschmecken.
4. Die Creme in die Tomaten füllen, auf einer Platte servieren.

30 Minuten
Pro Portion: 1 g E, 1 g F, 1 g KH = 23 kcal

Tipp: Je kleiner die Tomaten, umso mühsamer ist das Herausschaben der Kerne. Es müssen keine Kirschtomaten sein, aber sie sollten ohne Probleme auf einmal in den Mund passen.

Vorbereiten: Die Creme kann schon am Vorabend zubereitet werden. Wenn sich Flüssigkeit absetzt – Molke aus dem Ricotta –, rühren Sie diese einfach wieder unter.

2 KÄSEHÄCKERLE AUF KAKISCHEIBEN

Für 24 Stück:
- 125 g Emmentaler
- 125 g fester Camembert
- 250 g durchgereifter Harzer Käse
- 5 Kakis
- 60 g Salatcreme (fettreduzierte Mayonnaise)
- 60 g Naturjoghurt
- Salz, Pfeffer
- 2 Bund Schnittlauch

1. Die Rinde vom Emmentaler abschneiden, alle Käsesorten in kleine Würfel schneiden.
2. Die Kakis waschen, trocken reiben und das Fruchtfleisch in Scheiben schneiden. Die beiden Kappen (die oberste und die unterste Scheibe) würfeln und zum Käse geben. Die anderen Kakischeiben nebeneinander auf eine Platte legen.
3. Salatcreme und Joghurt verrühren und mit wenig Salz und Pfeffer würzen. Den Schnittlauch waschen, trocken schütteln und in Röllchen schneiden. Dressing und Schnittlauch unter die Käse- und Kakiwürfel heben und auf den Kakischeiben verteilen.

30 Minuten
Pro Portion: 6 g E, 3 g F, 3 g KH = 67 kcal

Info: Harzer Käse ist kurz vor dem Ablauf des Mindesthaltbarkeitsdatums durchgereift und aromatisch. Dann ist auch in der Mitte der kleinen Käselaibe kein weißer Kern mehr zu erkennen.

Vorbereiten: Den Käse und das Dressing kann man einige Stunden vorher zubereiten und würzen. Kaki und Schnittlauch erst kurz vor dem Verzehr dazugeben.

1
2

1
2

① SÜSS-SCHARFER DIP AUS GETROCKNETEN TOMATEN

Für 6–8 Portionen:

- 100 g getrocknete Tomaten (nicht in Öl)
- ½–1 rote Chilischote
- 50 g getrocknete Aprikosen
- 2 Knoblauchzehen
- 50 g Pinienkerne
- 5–6 EL Olivenöl
- gemahlener Kreuzkümmel, Salz

1. Die getrockneten Tomaten grob zerkleinern und mit 125 ml kochendem Wasser übergießen, kurz stehen lassen, bis die anderen Zutaten vorbereitet sind. Chilischote waschen, trocken reiben und grob hacken, Aprikosen ebenfalls grob zerschneiden. Die Knoblauchzehen schälen.
2. Pinienkerne in einer kleinen, beschichteten Pfanne ohne Fett rösten, bis sie goldbraun sind und duften.
3. Pinienkerne, Chilischote, Tomaten mit der Flüssigkeit, Aprikosen und Knoblauchzehen im Blitzhacker zu einer groben Masse verarbeiten. Es sollten noch Stückchen erkennbar sein. Das Olivenöl zugeben und kurz untermixen, mit Kreuzkümmel und wenig Salz abschmecken.

20 Minuten
Pro Portion (bei 8): 2 g E, 9 g F, 5 g KH = 116 kcal

Tipp: Besonders gut zu geröstetem Brot.

Vorbereiten: Der Dip bleibt problemlos einige Tage im Kühlschrank frisch. Vor dem Servieren sollte er Zimmertemperatur annehmen, er schmeckt dann aromatischer.

② LINSENHUMMUS MIT KRÄUTERN

Für 18 Portionen:

- 300 g rote Linsen
- 600 ml Gemüsebrühe
- 1 Zwiebel
- 1 Knoblauchzehe
- 2 EL Olivenöl
- je ½ Bund Petersilie, Zitronenmelisse und Minze
- 2 EL Tahini (Sesampaste)
- Salz, Pfeffer, Kreuzkümmel
- 1–2 EL Zitronensaft

1. Linsen mit Gemüsebrühe in einen Topf geben und zugedeckt bei kleiner Hitze 10 bis 15 Minuten kochen.
2. In der Zwischenzeit die Zwiebel und die Knoblauchzehe schälen und fein würfeln. Öl in einer kleinen Pfanne erhitzen, Zwiebeln und Knoblauch darin 5 Minuten glasig dünsten.
3. Die Kräuter waschen, trocken tupfen und die Blättchen fein hacken.
4. Die Linsen und die Zwiebelmischung zusammen mit Tahini in ein hohes Gefäß füllen und mit dem Pürierstab fein mixen. Mit Salz, Pfeffer, Kreuzkümmel und Zitronensaft abschmecken und eventuell noch etwas Brühe zugeben, wenn der Dip etwas geschmeidiger werden soll.
5. Die Kräuter unter das Linsenhummus heben und in Portionsschälchen servieren.

25 Minuten
Pro Portion: 4 g E, 3 g F, 8 g KH = 78 kcal

Tipp: Der Linsendip schmeckt zu Fladenbrot genauso gut wie zu Sticks aus frischer Gurke, Möhre, Staudensellerie oder Paprika.

Vorbereiten: Die Kräuter sollten erst kurz vor dem Servieren zerkleinert und unter den Dip gehoben werden. Alles andere kann gut 1 bis 2 Tage vor dem Essen erledigt werden.

① ROTE-BETE-SÜPPCHEN MIT HASELNUSSPFANNKUCHEN

Für 15 Gläser:

- 500 g Rote Bete (gegart, eingeschweißt)
- 1 Apfel
- 1 Zwiebel
- 3 EL Rapsöl
- 650 ml Gemüsebrühe
- 100 ml Milch
- 1 Ei
- 20 g gemahlene Haselnüsse
- 30 g Mehl
- Salz, Pfeffer
- 100 ml Sahne
- 1–2 EL Zitronensaft
- 1–2 EL Meerrettich (Glas)

1. Rote Bete würfeln. Apfel schälen, ohne Kerngehäuse würfeln. Zwiebel schälen und würfeln.
2. 2 EL Öl in einem Topf erhitzen, die Zwiebelwürfel darin 3 bis 5 Minuten bei mittlerer Hitze glasig dünsten. Rote Bete und Äpfel zugeben, Brühe zugießen und bei geschlossenem Deckel 10 Minuten garen.
3. Für die Pfannkuchen Milch, Ei, Nüsse und Mehl mit etwas Salz in ein hohes Gefäß füllen und mit dem Pürierstab verrühren, dann beiseitestellen.
4. Die Suppe pürieren, Sahne untermixen und mit Zitronensaft, Meerrettich, Salz und Pfeffer abschmecken.
5. Restliches Öl (1 EL) in einer beschichteten Pfanne erhitzen und den Teig einfüllen. Die Pfanne einmal schwenken, sodass der Teig gleichmäßig verläuft. Den Pfannkuchen von beiden Seiten 2 Minuten goldgelb braten, dann auf ein Brett gleiten lassen.
6. Den Pfannkuchen fest aufrollen und im Abstand von 1,5 bis 2 cm 15 Zahnstocher hineinstecken, zwischen den Spießen durchschneiden. Die Zahnstocher so weit durch die Röllchen stecken, dass sie auf der anderen Seite herausragen.
7. Die Suppe in schmale hohe Gläser, z. B. Grappagläser, füllen und die Spieße mit den Röllchen quer darauflegen.

30 Minuten
Pro Glas: 2 g E, 5 g F, 7 g KH = 85 kcal

Vorbereiten: Die Suppe bleibt einen Tag frisch, den Pfannkuchen lieber erst am Tag des Essens zubereiten.

② ERBSEN-MINZ-CAPPUCCINO MIT MUSKATSCHAUM

Für 10 Portionen:

- 1 Zwiebel
- 1 Knoblauchzehe
- 200 g Kartoffeln
- 1 EL Rapsöl
- 1 l Gemüsebrühe oder -fond
- 400 g TK-Erbsen
- 4 Stiele Minze
- Salz, Pfeffer
- 1–2 EL Zitronensaft
- 200 ml fettarme Milch (1,5 %)
- geriebene Muskatnuss

1. Zwiebel und Knoblauch schälen und würfeln, Kartoffeln schälen und ebenfalls würfeln.
2. Öl in einem Topf erhitzen, Zwiebeln und Knoblauch darin bei mittlerer Hitze andünsten, aber nicht bräunen. Kartoffeln und Brühe zugeben und bei milder Hitze 15 Minuten kochen lassen. Die Erbsen zugeben und weitere 5 Minuten kochen.
3. Minze waschen und trocken schütteln. Die Blätter klein schneiden und ⅔ in die Suppe geben. Die Suppe fein pürieren und mit Salz, Pfeffer und Zitronensaft abschmecken. Dann die restlichen Minzstreifen zugeben.
4. Die Milch mit 1 bis 2 Messerspitzen geriebener Muskatnuss erhitzen und mit einem Milchaufschäumer oder Pürierstab schaumig aufschlagen.
5. Die Suppe in Kaffeetassen oder doppelwandige Kaffeegläser füllen und etwas Muskatschaum daraufgeben. Eventuell mit etwas geriebener Muskatnuss bestreuen.

30 Minuten
Pro Portion: 4 g E, 2 g F, 9 g KH = 70 kcal

Tipp: Wer ein besonders feines Süppchen servieren möchte, streicht die pürierte Suppe durch ein engmaschiges Sieb.

Vorbereiten: Wer die Suppe bereits am Vortag zubereitet, braucht sie nur kurz zu erwärmen und mit dem Milchschaum zu servieren.

1
2

Matches
Tuna
Spanische Pizza
Fleur de Se
Pesto-Cantuccini
knusprige Schafskäseröllchen

VOM BLECH UND AUS DER PFANNE

Minimahlzeiten für viele Gäste gelingen am einfachsten im Backofen oder in der Pfanne: Die Pizza lässt sich in beliebig große Stücke teilen, Chickenwings stapeln sich schnell auf dem Teller – und der Herd erledigt die meiste Arbeit. Am besten schmecken die Happen frisch zubereitet und warm. Manche lassen sich aber auch vorbereiten und sind kalt genauso gut.

1
2

① ZWIEBEL-FENCHEL-KUCHEN

Für 24 Stücke (1 Backblech):
- 500 g rote Zwiebeln
- 500 g Fenchel
- 400 g Schmand
- 6 Eier
- 250 g Mehl
- Salz, Pfeffer
- Blätter von 3 Stielen Majoran oder 1–2 TL getrocknete Majoranblätter
- 200 g magere Schinkenwürfel
- außerdem: Fett für das Backblech

1. Den Backofen auf 180 °C vorheizen.
2. Zwiebeln halbieren, schälen und in dünne Streifen schneiden. Den Fenchel halbieren und ohne Stielansatz und Strunk ebenfalls in feine Streifen schneiden.
3. Schmand mit Eiern und Mehl glatt rühren, mit Salz, Pfeffer und Majoran herzhaft abschmecken. Zwiebeln, Fenchel und Schinkenwürfel unter den Teig rühren und auf das gefettete Backblech streichen.
4. 35 bis 40 Minuten auf der mittleren Schiene goldbraun backen. Lauwarm abkühlen lassen und in etwa 8 cm × 8 cm große Stücke schneiden.

70 Minuten (davon 30 Minuten Arbeitszeit)
Pro Stück: 5 g E, 6 g F, 10 g KH = 118 kcal

Tipp: Die Hälfte der angegebenen Menge reicht für eine flache Tarteform mit einem Durchmesser von 26 bis 28 cm.

Vorbereiten: Das Gemüse und den Teig getrennt ein paar Stunden vor dem Essen zubereiten und bis zum Verarbeiten kühl stellen.

② CHICORÉE-BIRNEN-PIZZA

Für 40 Stücke (1 Backblech):
- 250 g Weizenmehl
- 100 g Roggen-, Dinkel- oder Vollkornmehl
- 1 Tüte Trockenhefe
- Salz
- 5 EL Rapsöl
- 2 Kolben Chicorée
- 2 Birnen (300 g)
- 3–4 Frühlingszwiebeln
- 50 g Walnusskerne
- 200 g Frischkäse (13–17 % Fett)
- Pfeffer
- 150 g würziger Bergkäse
- 50 g frisch geriebener Parmesan

1. Beide Sorten Mehl mit Hefe und 1 TL Salz in eine Schüssel geben. Öl und 200 ml lauwarmes Wasser zugeben und mit den Haken des Handmixers zu einem glatten Teig verkneten. Etwa 1 Stunde zugedeckt gehen lassen, bis sich das Teigvolumen verdoppelt hat.
2. Den Backofen auf 225 °C vorheizen.
3. Den Teig auf einem Stück Backpapier ausrollen und auf ein Backblech legen. Auf der mittleren Schiene 10 Minuten vorbacken.
4. Chicorée-Kolben ohne Strunk in Streifen schneiden. Birnen schälen, das Kerngehäuse entfernen und das Fruchtfleisch in Scheiben schneiden. Frühlingszwiebeln unter fließendem Wasser waschen und in dünne Ringe schneiden. Walnüsse grob hacken.
5. Frischkäse auf den vorgebackenen Teig streichen, mit Salz und Pfeffer würzen. Birne, Chicorée, Frühlingszwiebeln und Nüsse gleichmäßig verteilen, Bergkäse und Parmesan darüberstreuen und weitere 10 Minuten backen.
6. Die Chicorée-Birnen-Pizza in kleine Streifen schneiden und servieren. Die Pizza schmeckt auch kalt.

2 Stunden (davon 40 Minuten Arbeitszeit)
Pro Stück: 3 g E, 4 g F, 8 g KH = 83 kcal

Vorbereiten: Den Hefeteig können Sie vorbereiten, im Kühlschrank geht er in 12 bis 18 Stunden auf. Belegen und backen sollten Sie die Pizza aber erst kurz bevor die Gäste kommen.

TOMATEN-BOHNEN-GEMÜSE UNTER DER TEIGHAUBE

Für 16 Portionen:

- 1 Dose weiße Bohnen (250 g Abtropfgewicht)
- 1 Zwiebel
- 1 Knoblauchzehe
- 400 g Kirschtomaten
- 30 g schwarze Oliven
- 100 g Speckwürfel
- Thymianblättchen von 2–3 frischen Stielen oder 1 TL getrockneter Thymian
- Salz, Pfeffer, Zucker
- 1 Eigelb
- 8 Blätter Strudel-, Filo- oder Yufkateig (Kühltheke, rechteckige Blätter à 25 g)
- 50 g zerlassene Butter
- 2 TL Sesam

1. Die Bohnen in ein Sieb geben, abspülen und abtropfen lassen.
2. Zwiebel und Knoblauch pellen und fein würfeln. Tomaten waschen und vierteln. Oliven halbieren.
3. Alle vorbereiteten Zutaten in eine Schüssel geben, Speck und Thymianblättchen zugeben und mit wenig Salz und Pfeffer sowie einer Prise Zucker würzen.
4. Das Gemüse auf 16 kleine, ofenfeste Gefäße verteilen, die Schüsseln dürfen nicht mehr als halb voll sein, sonst kochen sie über. Das Eigelb mit 2 EL Wasser verrühren.
5. Den Ofen auf 200 °C vorheizen.
6. Die Teigblätter längs halbieren. Jedes Teigblatt mit etwas zerlassener Butter bestreichen und einmal falten, sodass ein Quadrat entsteht. Die Ecken eventuell rund schneiden, den Teigrand mit Eigelb bestreichen und das Teigblatt mit der bestrichenen Seite auf die Gemüseförmchen legen. Gut festdrücken und die Schälchen auf ein Backblech stellen.
7. Teigoberseite mit etwas Wasser bestreichen und mit Sesam bestreuen. Im Backofen auf der unteren Schiene 12 bis 15 Minuten goldbraun backen.

45 Minuten (davon 30 Minuten Arbeitszeit)
Pro Portion: 4 g E, 6 g F, 11 g KH = 118 kcal

Tipp: Servieren Sie die Portionsförmchen auf einem kleinen Teller mit einem Kaffeelöffel. Die Teighaube hält das Gemüse saftig und warm und ist eine knusprige Beilage. Stehen die Förmchen allerdings zu lange, verliert der Teigdeckel wegen der aufsteigenden Dämpfe an Knusprigkeit.

Vorbereiten: Das Gemüse kann einige Stunden vor dem Essen zubereitet werden. Die Teigblätter trocknen aus, wenn sie zu lange an der Luft sind, bevor sie gebacken werden.

1
2

1 PESTO-CANTUCCI

Für 50 Stück:

- 250 g Dinkelmehl (Type 630)
- 1 TL Backpulver
- 1 TL Salz
- 3 Eier
- 60 g grünes Pesto
- 60 g Pinienkerne

1. Den Backofen auf 180 °C vorheizen.
2. Mehl mit Backpulver, Salz, Eiern und Pesto mit den Knethaken des Handmixers zu einem festen Teig vermengen. Die Pinienkerne mit den Händen unterkneten. Den Teig auf einer bemehlten Arbeitsplatte zu 4 Rollen à 20 cm formen und auf ein mit Backpapier belegtes Blech legen.
3. Auf der mittleren Einschubleiste 15 Minuten backen, herausnehmen und kurz abkühlen lassen, bis man die Rollen anfassen kann.
4. Die Rollen schräg in 5 bis 8 mm dicke Scheiben schneiden und wieder auf das Backblech legen. Weitere 15 Minuten auf der mittleren Einschubleiste backen. Abkühlen lassen. In einer Gebäckschale oder auf einem Teller servieren.

50 Minuten (davon 20 Minuten Arbeitszeit)
Pro Stück: 2 g E, 1 g F, 4 g KH = 34 kcal

Tipp: Wer mag, verwendet statt der Pinienkerne Mandelstifte oder Cashewkerne. Als Dip können Sie grünes Pesto reichen.

Vorbereiten: Die Cantuccini bleiben in Gebäckdosen verpackt bis zu 3 Wochen frisch.

2 PISTAZIENCRACKER

Für 50 Stück (1 Backblech):

- 160 g Mehl
- ½ TL Backpulver
- 50 g gehackte Pistazien
- 30 g weiche Butter
- 100 g Naturjoghurt
- 1 Eiweiß
- 1 TL grobes Meersalz (Fleur de Sel)

1. Den Backofen auf 180 °C vorheizen.
2. Mehl, Backpulver und die gehackten Pistazien in eine Schüssel geben. Butter und Joghurt zugeben und mit den Knethaken zu einem glatten Teig verkneten. Wenn sich der Teig nicht ganz glatt verkneten lässt, eventuell zum Schluss schnell mit den Händen zusammendrücken.
3. Den Teig auf einer bemehlten Arbeitsplatte sehr dünn ausrollen. Auf ein mit Backpapier belegtes Blech legen. Das Eiweiß mit 1 EL Wasser verrühren und die Teigplatte damit bestreichen. Mit dem Salz bestreuen und mit einem Teigrädchen oder einem Messerrücken Streifen (ca. 3 cm × 5 cm) markieren. Auf der mittleren Schiene 15 Minuten knusprig backen.
4. In die vorgegebenen Stücke brechen und die Cracker in einer Gebäckschale servieren. Sie schmecken solo oder mit den Dips aus diesem Buch.

45 Minuten (davon 30 Minuten Arbeitszeit)
Pro Stück: 1 g E, 1 g F, 2 g KH = 23 kcal

Tipp: Mit Sonnenblumenkernen, Kürbiskernen oder gehackten Haselnüssen zaubern Sie Abwechslung in die knusprigen Cracker.

Vorbereiten: Die Cracker können mehrere Tage im Voraus gebacken werden. Gut abgekühlt in einer Blechdose aufbewahren.

1 MAISBROT MIT GEMÜSE

Für 25 Stück:
- 125 g Maisgrieß (Polenta)
- 125 g Mehl
- ½ Päckchen Backpulver
- 1 TL Salz, Zucker
- 1 Ei
- 150 ml Buttermilch
- 5 EL Olivenöl + etwas für die Form
- 1 große Möhre (125 g)
- 1 kleine Stange Porree (250 g)
- 1 kleine Dose Mais (140 g Abtropfgewicht)
- 2 Stiele oder 1 TL getrockneter Oregano + einige zarte Zweige zur Dekoration
- 150 g Chilikäse oder Gouda mit einer Prise Cayennepfeffer

1. Den Backofen auf 180 °C vorheizen.
2. Maisgrieß, Mehl, Backpulver, Salz und eine Prise Zucker in eine Schüssel geben. Ei, Buttermilch und Öl zugeben und zu einem glatten Teig verrühren.
3. Die Möhre schälen und grob raspeln, Porree putzen und in feine Ringe schneiden, den Mais in ein Sieb geben und abtropfen lassen. Oreganoblättchen von den Stielen zupfen. Den Käse grob reiben.
4. Käse, Gemüse und Oregano unter den Teig heben und in eine gefettete Back- oder Auflaufform (ca. 25 cm × 25 cm) geben. Mit einigen zarten Oreganozweigen belegen.
5. Auf der mittleren Einschubleiste 30 bis 40 Minuten backen, einige Minuten in der Form abkühlen lassen. Dann das Brot aus der Form heben und in 5 cm × 5 cm große Würfel oder Rauten schneiden. Das Brot schmeckt lauwarm und kalt.

60 Minuten (davon 30 Minuten Arbeitszeit)
Pro Stück: 3 g E, 4 g F, 9 g KH = 91 kcal

Vorbereiten: Wer das Brot schon am Vortag backen möchte, stellt die Platte mit den geschnittenen Stücken vor dem Servieren ein paar Minuten in den heißen Backofen, dann schmeckt das Maisbrot wie frisch gebacken.

2 TOMATEN-FOCACCIA

Für 15 Scheiben:
- 80 g getrocknete Tomaten in Öl + 3–4 EL vom Tomatenöl
- 500 g Mehl
- 1 Tüte Trockenhefe
- 1½ TL Salz
- 1 TL Zucker
- grobes Meersalz

1. Die Tomaten abtropfen lassen, dabei das Öl auffangen. Die Tomaten in Streifen schneiden.
2. Mehl in eine Schüssel geben, Hefe, Salz und Zucker zugeben. 2 EL von dem aufgefangenen Öl, Tomatenstreifen und 350 ml lauwarmes Wasser zugeben und mit den Knethaken des Handmixers zu einem glatten Teig verkneten. Mit einem Tuch abdecken und an einem warmen Ort 30 bis 45 Minuten zur doppelten Größe aufgehen lassen.
3. Den Backofen auf 220 °C vorheizen.
4. Den Teig kurz zusammenkneten und auf ein mit Backpapier belegtes Blech legen. Mit bemehlten Händen oval ausdrücken, sodass der Fladen etwa 2 bis 3 cm hoch ist.
5. 1 bis 2 EL Tomatenöl über den Teig träufeln und mit grobem Meersalz bestreuen.
6. Auf der 2. Schiene von unten 20 bis 25 Minuten backen.

70 Minuten (davon 15 Minuten Arbeitszeit)
Pro Scheibe: 4 g E, 2 g F, 25 g KH = 139 kcal

Tipp: Auch mit Oliven köstlich.

Vorbereiten: Hefegebäck schmeckt frisch aus dem Ofen am besten. Der Teig kann einen halben Tag im Voraus zubereitet werden, er geht dann ganz langsam im Kühlschrank in einer verschlossenen Kunststoffschüssel auf.

1
2

TAPAS:
SPANISCHE APPETITHÄPPCHEN ZU SHERRY, BIER UND WEIN

4
6
5

TAPAS: SPANISCHE APPETITHÄPPCHEN ZU SHERRY, BIER UND WEIN

Wenn Ihnen Fingerfood am liebsten spanisch daherkommt, können Sie Ihre Gäste mit einem Tapasbuffet verwöhnen. Für die richtige Atmosphäre sind spanische Pop-, Flamenco- oder Gitarrenklänge als unaufdringliche Hintergrundmusik perfekt.

Sherry war schon immer der klassische Begleiter von Tapas. Ein heller, trockener Fino mit feinen Noten von Bittermandeln oder ein Manzanilla-Sherry sind eine gute Wahl.

Nicht authentisch zu Tapas, aber heute durchaus salonfähig: Sangria. Für diese Rotweinbowle unbehandelte Orangen und Zitronen in dünne Scheiben schneiden. Mit etwas Zucker, Zimtstange und Orangensaft mischen. Alles 3 bis 4 Stunden durchziehen lassen. Mit gut gekühltem leichtem Rotwein und Mineralwasser auffüllen. Für eine alkoholfreie Variante wählen Sie Traubensaft statt Rotwein.

1 KÜRBISTORTILLA

Für 24 Stücke:

- ½ Hokkaidokürbis (750 g)
- 1 Zwiebel
- 1 Knoblauchzehe
- 7 Eier
- Salz, Pfeffer, Paprikapulver
- 150 g Ziegenfrischkäse
- 50 g hauchdünn geschnittener Serranoschinken

1. Kerne aus dem Kürbis schneiden und das Kürbisfleisch mit der Schale grob raspeln. Zwiebel und Knoblauch schälen und fein würfeln.
2. Eier in eine Schüssel aufschlagen und mit Salz, Pfeffer und Paprikapulver würzen. Den Ziegenkäse grob zerbröckeln und mit den Kürbisraspeln unter die Eimasse heben.
3. Den Backofen auf 220 °C vorheizen.
4. Öl in einer großen beschichteten Pfanne erhitzen, Zwiebeln und Knoblauch darin 2 bis 3 Minuten glasig dünsten.
5. Die Ei-Kürbis-Mischung in die Pfanne geben und die Zwiebeln untermischen. Dann die Pfanne auf der mittleren Schiene in den Ofen stellen und die Tortilla 20 bis 25 Minuten garen.
6. Die Tortilla aus der Pfanne auf ein Brett gleiten und lauwarm abkühlen lassen. In mundgerechte Würfel oder Streifen schneiden und auf einer Platte oder einzeln auf kleinen Tellern anrichten.
7. Schinken in Streifen schneiden und mithilfe je 1 Holzstäbchen auf die Tortilla stecken.

60 Minuten (davon 30 Minuten Arbeitszeit)
Pro Stück: 3 g E, 3 g F, 2 g KH = 46 kcal

Tipp: Wenn die Bratpfanne einen Griff aus Kunststoff oder Holz hat, umwickeln Sie ihn mit Alufolie, dann nimmt er im Backofen keinen Schaden.

Vorbereiten: Tortilla schmeckt lauwarm und kalt. Sie können sie also ein paar Stunden vorher zubereiten.

② ÜBERBACKENE ZUCCHINI MIT KNUSPRIGER MANCHEGOKRUSTE

Für 30 Stück:

- 3 schlanke Zucchini (ca. 500 g)
- 3 Scheiben Vollkorntoastbrot
- 2 Knoblauchzehen
- je 2 Stiele Thymian und Rosmarin
- 60 g spanischer Hartkäse (Manchego)
- 3–4 EL Olivenöl
- Salz, Pfeffer

1. Die Zucchini putzen und längs halbieren. Auf ein mit Backpapier belegtes Backblech legen.
2. Den Backofen auf 200 °C vorheizen.
3. Das Toastbrot im Blitzhacker zerkleinern und in eine Schüssel füllen.
4. Die Knoblauchzehen pellen und fein hacken, Thymianblättchen von den Stielen zupfen, die Rosmarinnadeln fein hacken. Den Käse fein reiben.
5. Knoblauch, Kräuter, Käse und Öl zu den Toastbröseln geben und unterrühren.
6. Die Zucchinihälften mit Salz und Pfeffer würzen. Die Bröselmasse darauf verteilen und im Backofen auf der oberen Einschubleiste 12 bis 15 Minuten überbacken. In mundgerechte Stücke schneiden, lauwarm oder kalt servieren.

35 Minuten (davon 20 Minuten Arbeitszeit)
Pro Stück: 1 g E, 2 g F, 1 g KH = 26 kcal

Tipp: Die Zucchini gelingen auch mit Grana Padano, Greyerzer, Bergkäse oder Emmentaler.

Vorbereiten: Die Bröselmasse können Sie einige Stunden vorher zubereiten.

③ MARINIERTER BLUMENKOHL MIT TOMATENSALSA

Für 50 Stück:

- 1 großer Blumenkohl (1 kg)
- 200 ml Gemüsebrühe
- 1 Bio-Zitrone
- 3 EL Olivenöl
- Salz, Pfeffer
- 1–2 EL Pinienkerne
- 250 g Tomaten
- 60 g getrocknete Soft-Aprikosen
- 4 Frühlingszwiebeln
- 1 EL Weinessig
- Cayennepfeffer, Zucker

1. Den Backofen auf 200 °C vorheizen. Vom Blumenkohl mundgerechte Röschen abschneiden und auf dem Backblech verteilen. Brühe darübergießen und auf der mittleren Schiene etwa 15 Minuten garen.
2. Die Zitrone waschen und die Schale abreiben, danach den Saft aus der Zitrone pressen. Zitronensaft und -schale zusammen mit 2 EL Olivenöl in eine flache Schale geben, mit etwas Salz und Pfeffer würzen und gut verrühren.
3. Den gegarten Blumenkohl mit der Brühe in die Schale geben und in der Marinade abkühlen lassen. Dabei ab und zu umrühren.
4. Pinienkerne in einer kleinen beschichteten Pfanne ohne Fett bei mittlerer Hitze hellbraun rösten, beiseitestellen.
5. Gewaschene Tomaten und Aprikosen in feine Würfel schneiden. Frühlingszwiebeln waschen, längs halbieren und fein schneiden. Tomaten, Aprikosen und Frühlingszwiebeln mit Essig und dem restlichen Öl (1 EL) vermischen und mit Salz, Cayennepfeffer und einer Prise Zucker abschmecken.
6. Die Blumenkohlröschen abtropfen lassen und auf Portionslöffel, kleine Teller oder Gläser verteilen und je 1 TL der Tomatensalsa daraufgeben. Mit den Pinienkernen bestreut servieren.

1½ Stunden (davon 30 Minuten Arbeitszeit)
Pro Stück: 0 g E, 1 g F, 1 g KH = 12 kcal

Vorbereiten: Der Blumenkohl kann ohne Weiteres auch 2 bis 3 Tage in der Marinade durchziehen. Die Tomatensalsa besser frisch zubereiten.

④ FEURIGE GARNELEN AUF PETERSILIENSALSA

Für 20 Stück:
- 4 Schalotten
- 2 Knoblauchzehen
- 6 EL Olivenöl
- 2 große Bund Petersilie
- 1 kleine Dose Sardellenfilets (50 g)
- 1 EL mittelscharfer Senf
- 2 EL Weinessig
- 5 EL Gemüsebrühe
- Pfeffer, Salz
- ½–1 rote Chilischote
- 20 Garnelen à ca. 25 g (roh, küchenfertig)
- 1 Lorbeerblatt

1. Schalotten und Knoblauchzehen schälen und fein würfeln, in 3 EL Öl bei milder Hitze 3 bis 5 Minuten glasig dünsten, dann beiseitestellen.
2. Petersilie waschen, trocknen und fein schneiden, die Sardellen abtropfen lassen und fein hacken.
3. Die Zwiebel-Knoblauch-Mischung aus der Pfanne mit dem Bratöl in eine Schüssel geben. Petersilie, Sardellen, Senf, Essig und Brühe untermischen. Die Petersiliensalsa mit Pfeffer und eventuell etwas Salz würzen.
4. Die Chilischote in feine Ringe schneiden. Die Garnelen längs so weit durchschneiden, dass sie nur noch am Schwanzsegment zusammenhalten. Dabei, wenn nötig, den fadenförmigen schwarzen Darm entfernen.
5. Das restliche Öl (3 EL) zusammen mit den Chiliringen und dem Lorbeerblatt in einer großen beschichteten Pfanne erhitzen. Die Garnelen zugeben und bei mittlerer Hitze 2 bis 3 Minuten braten, die Garnelen dabei mit wenig Salz würzen.
6. Die Petersiliensalsa auf Portionslöffel oder kleine Schalen verteilen und je 1 Garnele daraufsetzen.

40 Minuten
Pro Stück: 5 g E, 3 g F, 1 g KH = 55 kcal

Tipp: Sie können Garnelen und Salsa auch auf gerösteten Brotscheiben servieren.

Vorbereiten: Die Salsa kann man einige Stunden vor dem Essen zubereiten, sie zieht dann gut durch. Die Garnelen am besten frisch braten.

⑤ SPANISCHE HACKBÄLLCHEN IN TOMATENSAUCE

Für 35 Stück:
- 1 große Zwiebel
- 4 EL Olivenöl
- 100 ml trockener Sherry
- 2 Dosen Tomatenstückchen (à 400 g)
- 200 ml Rinderfond oder Fleischbrühe
- 2 Lorbeerblätter
- 250 g Rinderhack
- 250 g Schweinemett
- 1 Ei
- 5 EL Semmelbrösel
- Salz, Pfeffer, Paprikapulver
- ½ Bund glatte Petersilie

1. Die Zwiebel schälen und fein hacken. 2 EL Olivenöl in einem Topf erhitzen und die Zwiebeln darin 3 bis 5 Minuten glasig dünsten. Mit Sherry ablöschen und die Flüssigkeit fast einkochen lassen. Tomaten, Fond oder Brühe und Lorbeerblätter zugeben und im offenen Topf 15 Minuten bei mittlerer Hitze einkochen.
2. In der Zwischenzeit aus beiden Sorten Hackfleisch, Ei und Semmelbrösel einen Hackteig kneten und mit Salz, Pfeffer und Paprikapulver abschmecken.
3. Das restliche Öl (2 EL) in einer großen Pfanne erhitzen. Mit den Händen walnussgroße Hackbällchen formen und bei mittlerer Hitze etwa 10 Minuten rundum anbraten.
4. Die Sauce mit Salz und Pfeffer abschmecken und mit den Hackbällchen servieren – entweder einzeln mit Holzstäbchen aufgespießt in kleinen Gläsern oder Portionslöffeln oder auf einer großen Platte. Mit Petersilienblättern garnieren.

30 Minuten
Pro Stück: 3 g E, 4 g F, 1 g KH = 56 kcal

Tipp: Ein besonderes Aroma bekommen die Fleischbällchen, wenn sie mit geräuchertem Paprikapulver gewürzt werden, einer spanischen Spezialität, die ein rauchiges Aroma in die Bällchen bringt.

Vorbereiten: Die Sauce am Vortag kochen und vor dem Servieren kurz erhitzen. Hackfleisch entweder tagesfrisch zubereiten oder einige Tage vorher zubereiten und einfrieren.

⑥ SPANISCHE PIZZA

Für 24 Stücke (1 Backblech):

- 350 g Mehl
- 1 Päckchen Trockenhefe
- 8 EL Olivenöl
- Salz
- 2 große Zwiebeln
- 3 Paprikaschoten (je 1 rote, grüne und gelbe)
- 2 Knoblauchzehen
- 50 g schwarze Oliven
- Pfeffer

1. Mehl, Hefe, 4 EL Olivenöl, 200 ml lauwarmes Wasser und 1 TL Salz in eine Schüssel geben und mit den Knethaken des Handmixers zu einem glatten Teig rühren. Abgedeckt an einem warmen Ort etwa 45 Minuten gehen lassen.

2. In der Zwischenzeit Zwiebeln schälen, Paprikaschoten putzen. Beides in halbe Ringe schneiden. Knoblauchzehe schälen und in Scheiben schneiden. Oliven halbieren.

3. Das restliche Öl (4 EL) in einer großen Pfanne erhitzen und das Gemüse darin bei mittlerer Hitze 3 bis 5 Minuten andünsten.

4. Den Backofen auf 225 °C vorheizen.

5. Den Teig direkt auf das Backblech geben und ausrollen. Eventuell zum Schluss mit den Händen nacharbeiten. Das gedünstete Gemüse und die Oliven auf dem Teig verteilen. Mit Salz und Pfeffer würzen.

6. Die Pizza auf der unteren Einschubleiste etwa 20 Minuten backen. Eventuell in den letzten Minuten das Gemüse mit einem Stück Alufolie abdecken, damit es nicht zu trocken wird.

95 Minuten (davon 30 Minuten Arbeitszeit)
Pro Stück: 2 g E, 3 g F, 12 g KH = 88 kcal

Info: Spanische – oder genauer: Mallorquinische – Pizza wird traditionell ohne Käse zubereitet.

Vorbereiten: Der Pizzateig kann einen halben Tag im Voraus zubereitet werden und geht dann in einer abgedeckten Schüssel ganz langsam im Kühlschrank auf.

SECHS TAPAS – EIN GANZES BUFFET

Wenn Sie 10 bis 15 hungrige Tapasfans den ganzen Abend über unterhalten wollen, ergänzen Sie das Fingerfood-Buffet mit gekauften spanischen Zutaten.

Oliven
Nach Geschmack können Sie neben den naturbelassenen Sorten auch mit Kräutern oder Knoblauch eingelegte, mit Sardellen, Paprika oder Mandeln gefüllte Sorten anbieten.

Schinken und Wurst
Eine Platte mit Serrano- oder Pata-Negra-Schinken und Chorizo, der typischen spanischen Paprikawurst, sollte nicht fehlen. Chorizo dulce ist eine milde Variante, Chorizo pikante kann für deutsche Zungen schon ziemlich scharf daherkommen.

Käse
Manchego, diesen spanischen Hartkäse, finden Sie häufig in der Frischetheke von größeren Supermärkten. Wer einen Fachhändler in der Nähe hat, kann auch andere der meist pikant-würzigen Käsesorten Spaniens anbieten.

Brot und Butter
Beide gehören auf jedes Buffet, stellen Sie ein kalt gepresstes Olivenöl und grobkörniges Salz dazu.

Dessert
Süßes ist in spanischen Tapasbars nicht vorgesehen. Wer nicht darauf verzichten möchte, bereitet seinen Gästen eine Crema Catalana (S. 168) oder eine Mandelgewürzcreme (S. 163) zu.

SALAT »GRÜN IN GRÜN« IM TEIG-KÖRBCHEN

Für 12 Portionen:

- 6 Blätter Strudel-, Yufka- oder Filoteig (Kühlregal, rechteckige Blätter à 25 g)
- 60 g zerlassene Butter
- 6 Stangen Staudensellerie
- 150 g Eisbergsalat
- 250 g grüne kernlose Trauben
- 4 Frühlingszwiebeln
- 1 Knoblauchzehe
- 200 g Naturjoghurt
- 1–2 EL Zitronensaft
- 1 TL Senf
- 40 g geriebener Hartkäse (Parmesan oder Grana Padano)
- ½–1 TL Sojasauce
- Salz, Pfeffer, Zucker
- außerdem: Muffinbackblech

1. Den Backofen auf 200 °C vorheizen. Die Strudelteigblätter mit der zerlassenen Butter bestreichen und zusammenklappen. Die Teigblätter dann einmal so durchschneiden, dass je 2 Quadrate entstehen. Mit der restlichen Butter die Mulden des Muffinbackblechs einfetten und die Teigquadrate hineindrücken, sodass Körbchen entstehen.

2. Die Teigkörbchen auf der mittleren Schiene 10 bis 12 Minuten goldgelb backen. Herausnehmen und abkühlen lassen.

3. Staudensellerie waschen, die Fäden auf der runden Seite mit einem Messer von oben nach unten abziehen, die Stangen in dünne Scheiben schneiden. Falls an den Stangen Blättchen sind, zum Garnieren beiseitelegen.

4. Den Eisbergsalat waschen und in Streifen schneiden, Weintrauben waschen und halbieren. Frühlingszwiebeln waschen und ohne Wurzelansatz in dünne Ringe schneiden.

5. Knoblauch pellen und fein hacken. Joghurt mit Zitronensaft, Senf, Knoblauch und Käse verrühren, mit Sojasauce, Salz, Pfeffer und einer Prise Zucker abschmecken.

6. Kurz vor dem Servieren die Sauce unter die Salatzutaten heben und in die Körbchen füllen. Eventuell mit den Staudensellerieblättchen garnieren.

45 Minuten (davon 30 Minuten Arbeitszeit)
Pro Portion: 3 g E, 6 g F, 12 g KH = 120 kcal

Vorbereiten: Die Körbchen können Sie bereits am Vortag backen und in einer Blechdose aufbewahren.

① INGWER-HONIG-DRUMSTICKS

Für 16 Stück:

- 50 g Ingwer
- ½–1 Chilischote
- 100 g Honig
- 2 EL Tomatenmark
- 3 EL Weinessig
- Salz
- 16 Hähnchenunterkeulen (insgesamt 2 kg)

1. Den Backofen auf 180 °C vorheizen.
2. Geschälten Ingwer und Chili fein würfeln. Mit Honig, Tomatenmark, Essig und 1½ TL Salz in einer großen Schüssel mischen, die Hähnchenkeulen darin wenden, sodass sie rundherum mit der Marinade bedeckt werden.
3. Die Hähnchenkeulen auf ein mit Backpapier belegtes Blech legen und die restliche Marinade mit einem Backpinsel auf dem Fleisch verteilen. Auf der mittleren Schiene 40 Minuten braten, in den letzten 3 bis 4 Minuten eventuell den Grill zuschalten, damit die Keulen etwas mehr Farbe nehmen.
4. Die Hähnchenkeulen lauwarm oder kalt abkühlen lassen und Streifen von Backpapier um den Knochen wickeln, damit man die »Drumsticks« besser anfassen kann.

50 Minuten (davon 10 Minuten Arbeit)
Pro Stück: 15 g E, 7 g F, 5 g KH = 146 kcal

Tipp: Wenn man die Keulen versetzt auf das Backblech legt, sodass immer eine Knochen- und eine Keulenseite aneinander liegen, reicht der Platz auf dem Backblech gut für diese Menge Hähnchenkeulen aus.

Vorbereiten: Die Hähnchenkeulen können bis zu 1 Tag in der Marinade »baden«.

② KNUSPRIGE SCHAFSKÄSERÖLLCHEN

Für 20 Stück:

- 1 Paprikaschote
- 40 g Rucola + etwas zum Servieren
- 300 g Feta
- 100 g Naturjoghurt
- Salz
- Chiliflocken
- 1 Packung Strudel-, Yufka- oder Filoteig (Kühlregal, 250 g)
- 4–5 EL Olivenöl

1. Paprikaschote waschen, Kerne, Stiel und Rippen entfernen und fein würfeln. Rucola waschen und in feine Streifen schneiden.
2. Feta in einer Schüssel mit einer Gabel zerdrücken. Joghurt, Paprikawürfel und Rucola untermischen. Mit Salz und Chiliflocken würzen.
3. Die Strudelteigblätter diagonal durchschneiden. Auf die lange Seite der Dreiecke jeweils etwa 1 EL Füllung geben, die beiden Spitzen leicht einschlagen und zur flachen Spitze hin fest aufrollen.
4. Das Öl in einer beschichteten Pfanne erhitzen und – eventuell in 2 Portionen – die Röllchen darin rundherum etwa 5 Minuten braten. Die Schafskäseröllchen kurz auf Küchenpapier abtropfen lassen.
5. Etwas Rucola auf eine Platte oder in ein breites, hohes Glas geben und die Röllchen darin heiß oder lauwarm servieren.

40 Minuten
Pro Stück: 4 g E, 6 g F, 8 g KH = 108 kcal

Tipp: Statt der Paprikaschote kann man auch die gleiche Menge aufgetauten, gut ausgedrückten und gehackten TK-Spinat in die Päckchen füllen.

Vorbereiten: Am Vortag zubereitete Röllchen können Sie einfach kurz vor dem Essen 1 bis 2 Minuten aufbraten. Am besten schmecken die Röllchen aber frisch aus der Pfanne.

1
2

1
2

1 KARTOFFELMUFFINS MIT THUNFISCH

Für 12 Stück:
- 600 g Kartoffeln
- je ½ Bund Petersilie und Schnittlauch
- 1 Dose Thunfisch natur (150 g Abtropfgewicht, mit MSC-Siegel)
- 3 Eier
- 50 g Mehl
- ½ TL Backpulver
- 1 EL Senf
- 1 EL Kapern
- Salz, Pfeffer
- eventuell Butter oder Öl für die Form
- außerdem: 1 Muffinblech

1. Kartoffeln schälen, waschen und in 1 cm große Würfel schneiden. In Salzwasser 12 bis 15 Minuten kochen, abgießen und abdampfen lassen.
2. In der Zwischenzeit Petersilie fein hacken, Schnittlauch in Röllchen schneiden. Den Thunfisch abtropfen lassen und mit 2 Gabeln in Stücke teilen. Eier mit Mehl, Backpulver, Senf und Kapern verquirlen und mit Salz und Pfeffer würzen.
3. Den Backofen auf 180 °C vorheizen. Papiermanschetten in ein Muffinblech legen oder die Mulden mit etwas flüssiger Butter oder Öl auspinseln.
4. Kartoffeln, Thunfisch und Kräuter unter die Eiermasse heben und in die Muffinmulden füllen. Die Muffins auf der mittleren Einschubleiste 25 bis 35 Minuten backen.

70 Minuten (davon 30 Minuten Arbeitszeit)
Pro Stück: 6 g E, 2 g F, 10 g KH = 80 kcal

Tipp: Für mediterrane Kartoffelmuffins ersetzen Sie Petersilie, Schnittlauch, Senf und Kapern durch Thymian, Oregano, Pesto und getrocknete Tomaten.

Vorbereiten: Die Kartoffeln können am Vortag gegart werden.

2 SPITZKOHLQUICHE MIT SHRIMPS

Für 12 Stücke (1 Tarteform):
- 1 kleiner Spitzkohl (ca. 500 g)
- 2 Zwiebeln
- 7 EL Öl
- Fett für die Tarteform
- 150 g Mehl + etwas zum Ausrollen
- 1 TL Backpulver
- Salz
- 60 g Magerquark
- 5 EL Milch
- 4 Eier
- 300 g saure Sahne
- Pfeffer, geriebene Muskatnuss
- 250 g Shrimps (Kühltheke oder tiefgefroren, aufgetaut und abgetropft)

1. Spitzkohl ohne Strunk vierteln und in feine Streifen schneiden. Zwiebeln halbieren, pellen und in Streifen schneiden. 2 EL Öl in einer Pfanne erhitzen, Spitzkohl und Zwiebeln darin 5 Minuten andünsten. Mit Salz und Pfeffer würzen.
2. Den Boden einer Tarteform (Ø 26 bis 28 cm) mit Backpapier belegen, den Rand einfetten. Den Backofen auf 200 °C vorheizen.
3. Mehl, Backpulver und ½ TL Salz in eine Schüssel geben, Quark, Milch und das restliche Öl (5 EL) zugeben und mit den Knethaken zu einem glatten Teig verarbeiten. Auf einer bemehlten Arbeitsfläche etwas größer als die Tarteform ausrollen. In die Tarteform legen, den Rand geradeschneiden.
4. Eier mit saurer Sahne glattrühren, mit Salz, Pfeffer und Muskatnuss würzen, Spitzkohl und Shrimps unterheben. Die Masse auf den Teig geben, glattstreichen und auf der mittleren Einschubleiste 40 bis 45 Minuten backen.

75 Minuten (davon 30 Minuten Arbeitszeit)
Pro Stück: 9 g E, 16 g F, 13 g KH = 240 kcal

Tipp: Die doppelte Menge aller Zutaten reicht für ein tiefes Backblech und ergibt etwa 24 Stücke.

Vorbereiten: Sie können die Quiche fertig backen und sofort nach dem Abkühlen einfrieren. Zum Servieren die tiefgefrorene Quiche 20 Minuten bei 180 °C im Backofen erwärmen.

Asiatische Tofuspieße
Sommerrollen mit Flusskrebsfleisch
Zucchini-Happen im Reisblatt
BUL
GUR

RÖLLCHEN UND SPIESSE

Sind Hingucker gefällig? Natürlich immer! Denn Wraps, Asiarollen und Fischspießchen verlocken durch eine tolle Optik und neue Geschmackskombinationen. Ein Spieß – unzählige Möglichkeiten: Ob mit Fleisch, Gemüse, Fisch oder Tofu. Spannend wird es mit Salaten am Spieß. Beim Rollen lassen sich Kontraste für alle Sinne zusammenbringen. Selbst wenn es nur ein Snack nebenbei sein soll, diesen Kreationen ist Bewunderung sicher.

2
1

① ZUCCHINIHAPPEN IM REISBLATT

Für 48 Stück:

- 2 kleine Zucchini (400 g)
- 50 g Pinienkerne
- 50 g Rosinen
- 200 g Ricotta
- Salz, Pfeffer
- 12 Blätter Reispapier (Asialaden, 19 cm × 19 cm)
- 2–3 EL Rapsöl

1. Zucchini waschen, trocknen und grob raspeln. Mit Pinienkernen und Rosinen mischen. Den Ricotta unterheben und mit Salz und Pfeffer würzen.
2. Eine Schüssel mit Wasser und ein feuchtes Küchentuch bereitlegen.
3. Die Reisblätter mit einer Küchenschere in Viertel zerschneiden. Je 1 Reispapierblatt in das Wasser tauchen und auf das Küchentuch legen. Je 1 TL Zucchinimischung daraufgeben, die Seiten vom Reispapier einschlagen und aufrollen. Das feuchte Reispapier haftet ohne weitere Hilfe aneinander.
4. Öl in einer großen beschichteten Pfanne erhitzen und die Zucchinihappen (eventuell in 2 Portionen) von beiden Seiten 2 bis 3 Minuten braten. Heiß oder lauwarm servieren.

40 Minuten
Pro Stück: 1 g E, 1 g F, 3 g KH = 28 kcal

Vorbereiten: Die Häppchen können einige Stunden vorher gerollt werden. Frisch gebraten und lauwarm schmecken sie am besten.

② GEFÜLLTE DATTELN IM ZUCCHINI-MANTEL

Für 24 Stück:

- 24 Datteln (ca. 200 g)
- 30 g Walnusskerne
- 75 g Ziegenfrischkäse
- 1 Zucchini (250 g)
- 2 EL Olivenöl
- Salz, bunter Pfeffer
- außerdem: 24 Holzstäbchen

1. Die Datteln mit einem kleinen Messer längs aufschneiden und den Kern herauslösen. Walnüsse so zerkleinern, dass sie 24 Stücke ergeben. In jede Dattel ½ TL Frischkäse füllen und 1 Stück Walnuss hineinstecken.
2. Die Zucchini waschen, trocken reiben, je nach Dicke eventuell halbieren und mit einem Gurkenhobel oder einem breiten Sparschäler dünne lange Streifen hobeln. Die Datteln mit 1 bis 2 Streifen Zucchini umwickeln und mit Holzstäbchen fixieren.
3. Das Öl in einer großen beschichteten Pfanne erhitzen und die Dattelröllchen darin etwa 5 bis 6 Minuten rundherum appetitlich braun braten. Mit Salz und grob gemahlenem bunten Pfeffer würzen und auf einer Platte anrichten.

30 Minuten
Pro Stück: 1 g E, 2 g F, 6 g KH = 46 kcal

Vorbereiten: Füllen und wickeln Sie die Datteln einige Stunden vorher, dann müssen sie vor dem Essen nur noch kurz gebraten werden. Lauwarm schmecken die Datteln am besten.

1 CLUB-WRAPS MIT AHORNSIRUP

Für 28–32 Stück:
- 100 g durchwachsener Speck in Scheiben
- 200 g Kräuterquark
- 1 EL Senf
- 4 Wraps (300 g)
- 100 g Eisbergsalat
- 100 g geräucherte Putenbrust in dünnen Scheiben
- 100 g Emmentaler Käse in dünnen Scheiben
- 4 TL Ahornsirup

1. Den Speck in einer Pfanne knusprig braten und beiseitestellen.
2. Kräuterquark mit Senf verrühren und die Wraps damit bestreichen.
3. Den Eisbergsalat in Streifen schneiden und auf dem Quark verteilen.
4. Putenbrust- und Käsescheiben längs halbieren und auf den Wraps verteilen. Zum Schluss je 2 Scheiben Speck quer auf die Wraps legen und mit etwas Ahornsirup beträufeln.
5. Die Wraps von unten nach oben aufrollen und fest in Pergamentpapier oder Frischhaltefolie wickeln. Eine halbe Stunde kühl stellen.
6. Wraps auswickeln und schräg in 3 bis 4 cm dicke Scheiben schneiden. Auf einer Platte, Portionstellerchen oder in Muffinmanschetten servieren.

60 Minuten (davon 30 Minuten Arbeit)
Pro Stück (bei 32): 3 g E, 2 g F, 5 g KH = 56 kcal

Tipp: Herzhafter wird's mit einer in dünne Ringe geschnittenen Zwiebel in der Wrap-Füllung.

Vorbereiten: 2 bis 3 Stunden bleiben die Wraps im Kühlschrank frisch, danach verliert der Speck seine Knusprigkeit.

2 SPARGELRÖLLCHEN MIT KRESSEREMOULADE

Für 16 Portionen:
- 500 g grüner Spargel
- Salz, Pfeffer
- 3 EL Salatcreme
- 3 EL Naturjoghurt
- 1 TL Senf
- 50 g Honiggurken (Glas)
- 3 Beete Kresse
- 8 große Scheiben geräucherte Putenbrust (250 g)

1. Spargelstangen im unteren Drittel rundherum schälen, die Enden abschneiden. Die Stangen dritteln und in wenig Salzwasser etwa 4 bis 5 Minuten knackig garen. Abgießen und abkühlen lassen.
2. Salatcreme mit Joghurt und Senf verrühren. Honiggurken fein würfeln, die Kresse vom Beet schneiden. Gurke und ⅔ der Kresseblättchen unter die Remoulade rühren. Mit Salz und Pfeffer abschmecken.
3. Die Putenbrustscheiben längs halbieren und je 1 TL Remoulade auf die dünnen Scheiben geben. 3 Stückchen Spargel darauflegen und aufrollen. Mit einem Holzspieß fixieren.
4. Die Rollen auf eine Platte setzen und mit der restlichen Kresse garnieren.

50 Minuten (davon 40 Minuten Arbeit)
Pro Stück: 4 g E, 1 g F, 2 g KH = 36 kcal

Tipp: Wer es etwas gehaltvoller mag, hebt ein gewürfeltes hart gekochtes Ei unter die Remoulade. Sie können die Röllchen auch mit weißem Spargel zubereiten.

Vorbereiten: Spargel am Vortag garen und abgedeckt im Kühlschrank aufbewahren.

1
2

LINSENBULGUR IM SALATBLATT

Für 25 Stück:

- 550–600 ml Gemüsebrühe
- 1 EL Tomatenmark
- 125 g kleine Berg- oder Belugalinsen
- 125 g Bulgur
- 1 Stange Porree
- 2 Zitronen
- 4 EL Olivenöl
- Salz, Pfeffer
- Edelsüß-Paprika, gemahlener Kreuzkümmel
- 2 Kopfsalate

1. Gemüsebrühe mit Tomatenmark aufkochen. Linsen und Bulgur zugeben und zugedeckt ca. 15 Minuten garen. In ein Sieb gießen und gut abtropfen lassen.
2. In der Zwischenzeit den Porree ohne Stielansatz längs halbieren und jede Schicht unter fließendem Wasser waschen. Dann in feine Streifen schneiden und zu Linsen und Bulgur geben.
3. 1 Zitrone halbieren, auspressen und den Zitronensaft mit dem Öl unter den Salat heben. Mit Salz, Pfeffer, Paprika und Kreuzkümmel herzhaft abschmecken.
4. Die Salate waschen und trocken schütteln. Einzelne Blätter ablösen, eventuell die dicken Mittelrippen herausschneiden. Die Salatherzen anderweitig verwenden.
5. Je 1 EL Linsenbulgur auf ein Salatblatt geben. Das Salatblatt an den Seiten etwas einklappen und fest aufrollen. Mit der Nahtstelle nach unten auf eine Platte legen oder mit einem Holzstäbchen feststecken. Wer ein wenig mehr Arbeit nicht scheut, kann die Röllchen mit Schnittlauchhalmen zusammenbinden.
6. Die zweite Zitrone längs in Scheiben schneiden und dazulegen, so können sich die Gäste noch etwas Zitrone über die Salatrollen träufeln.

30 Minuten
Pro Stück: 2 g E, 2 g F, 5 g KH = 48 kcal

Tipp: Wer nicht wickeln mag, füllt den Salat in die abgelösten Blätter von 2 Chicoréestauden.

Vorbereiten: Die Füllung können Sie bis zu 3 Tage im Voraus zubereiten.

SALATE VOM SPIESS

3
4
5
6

SALATE VOM SPIESS

Salate mal anders: Ganz im Trend ist es, die einzelnen Zutaten eines Salates Stück für Stück auf Bambus- oder Holzspieße zu stecken. Wenn nur etwa ein Drittel des Spießes mit Zutaten bestückt wird, dient der Rest des Hölzchens als »Anfasser«. So sind die aufgespießten Salate bequem zu essen.

Der Aufwand lohnt: Sie mache optisch etwas her, und die Salate wandern ohne Besteck direkt von der Hand in den Mund. Das Buffet leert sich und sieht dennoch immer noch »aufgeräumt« aus. Geeignet sind alle Salate, deren Zutaten nicht zu kleinteilig sind. Reis- oder Couscoussalate scheiden da natürlich aus. Für Gäste, die keine große Lust haben, die Zutaten vom Stiel zu knabbern, können Sie die Salate auch in kleine Wassergläser füllen und so auf das Buffet stellen.

1 TORTELLINISALAT CAPRESE

Für 30 Stück:

- 1 Packung Käsetortellini (Kühltheke, 250 g)
- Salz
- 4 EL Olivenöl
- 250 g Kirschtomaten
- 150 g kleine Mozzarellakugeln (20 Stück)
- 1 Bund Basilikum
- 100 g schwarze Oliven
- 1–2 EL Crema di Balsamico
- Pfeffer

1. Die Tortellini nach Packungsanweisung in Salzwasser garen, in ein Sieb geben, 1 EL Olivenöl über die Tortellini träufeln und kurz schwenken.
2. Tomaten waschen, trocken tupfen und beliebig viele Tomaten halbieren. Den Mozzarella abtropfen lassen, eventuell mit Küchenpapier trocken tupfen und ebenfalls einige Kugeln halbieren.
3. Basilikum waschen, trocken schütteln und die Blättchen von den Stielen zupfen.
4. Je 1 Tortellini, halbe und ganze Mozzarellakugeln und Tomaten, Oliven und Basilikumblätter abwechselnd auf Holzspieße stecken und nebeneinander auf einen Teller oder eine Platte legen.
5. Das restliche Olivenöl (3 EL) und Crema di Balsamico über die Spieße träufeln, mit Salz und Pfeffer würzen. Die Spieße zum Servieren in ein oder mehrere hohe Gläser stellen.

30 Minuten (davon 20 Minuten Arbeitszeit)
Pro Stück: 2 g E, 3 g F, 4 g KH = 58 kcal

Tipp: Sie können natürlich auch Fleischtortellini verwenden.

Vorbereiten: Damit die Basilikumblätter nicht »schlapp« machen, nicht länger als 2 bis 3 Stunden vor dem Essen zubereiten und abgedeckt im Kühlschrank aufbewahren.

② GEROLLTER ASIA-MÖHRENSALAT

Für 20 Stück:
- 500 g Möhren
- 1 Bund Frühlingszwiebeln
- 1 walnussgroßes Stück Ingwer
- 1 Knoblauchzehe
- 3 EL Zitronensaft
- 2 TL Sesamöl
- 3 EL Rapsöl
- Salz, Cayennepfeffer, Zucker
- 1 schlanke Gurke
- ½ Bund Koriander
- 20 Scheiben Kasseler-Aufschnitt (300 g)
- 1 EL Kokosraspeln

1. Möhren schälen und fein raspeln. Frühlingszwiebeln putzen und in Ringe schneiden.
2. Ingwer und Knoblauch schälen und fein hacken. Mit Zitronensaft, Sesam- und Rapsöl verrühren und mit Salz, Cayennepfeffer und Zucker abschmecken.
3. Die Salatzutaten unter die Sauce heben und 1 Stunde abgedeckt ziehen lassen.
4. Die Gurke waschen und trocken tupfen. In 1,5 cm dicke Scheiben schneiden und auf eine Platte legen. Koriander waschen, trocken schütteln und die Blättchen abzupfen.
5. Je 1 EL abgetropften Möhrensalat auf eine Scheibe Kasseler geben und fest aufrollen. Je 1 Rolle und einige Korianderblättchen mit einem Spieß auf die Gurkenscheiben stecken.
6. Kokosraspeln in einer beschichteten Pfanne ohne Fett in 2 bis 3 Minuten goldgelb rösten und über die Spieße streuen.

100 Minuten (davon 40 Minuten Arbeitszeit)
Pro Stück: 3 g E, 2 g F, 3 g KH = 41 kcal

Tipp: Wer mag, gibt noch ein paar gesalzene Erdnüsse in den Salat.

Vorbereiten: Der Möhrensalat nimmt ein paar Stunden im Kühlschrank nicht übel, Korianderblättchen bleiben in einer Kunststoffdose frisch, und die Kokosraspeln können Sie ebenfalls vorbereiten.

③ GEFLÜGELSALAT MIT ERDNUSSSAUCE

Für 20 Stück:
- 2 sehr dünne Putenbrustscheiben (350 g)
- 2 EL Rapsöl
- Salz, Pfeffer
- 1 Babyananas oder ¼ große Frucht
- 1 großes Bund Basilikum
- 2 Limetten
- 60 g Erdnussbutter mit Stückchen
- 2 EL Sojasauce
- 2 TL brauner Zucker
- geschrotete Chilischoten
- 1 dünne Stange Porree (200 g)

1. Putenbrust in ca. 4 cm × 4 cm große Stücke schneiden. Öl in einer Pfanne erhitzen und das Fleisch in 2 Portionen von beiden Seiten 1 bis 2 Minuten braten, mit Salz und Pfeffer würzen. Das Putenfleisch aus der Pfanne nehmen und abkühlen lassen.
2. Die Ananas großzügig schälen, vierteln und die Segmente hauchdünn schneiden. Basilikum waschen, trocken schütteln und die Blättchen abzupfen.
3. Die Limette in Spalten schneiden. Die Erdnussbutter mit dem Saft von 1 bis 2 Limettenspalten, Sojasauce, Zucker, Salz und geschroteten Chilischoten abschmecken. Porree halbieren und unter fließendem Wasser waschen. Abtropfen lassen und die weißen und hellgrünen Teile in feine Halbringe schneiden. Den Porree mit der Erdnusssauce mischen.
4. Je 1 Klecks Erdnuss-Porree-Mischung auf den Fleischscheiben verteilen. Abwechselnd je 3 bis 4 Scheiben Ananas und Basilikumblättchen auf einen Spieß stecken und von oben in das Fleisch stechen.
5. Die Spieße in eine hohe Schüssel stellen oder auf eine Platte legen. Die Limette in Spalten schneiden und dazulegen.

30 Minuten
Pro Stück: 5 g E, 3 g F, 3 g KH = 58 kcal

Tipp: Statt des Basilikums können Sie auch zarte Spinatblättchen zusammen mit der Ananas auf die Spieße stecken.

Vorbereiten: Das Fleisch können Sie einen Tag vorher braten und gekühlt aufbewahren.

4 GRIECHISCHER THUNFISCHSALAT

Für 12 Stück:

- 1 Scheibe Thunfisch (2,5 cm dick, 350 g, mit MSC-Siegel)
- grob gemahlener Pfeffer
- 4 EL Olivenöl
- Salz
- 4 kleine Tomaten (200 g)
- 1 gelbe Paprika
- 1 kleine rote Zwiebel
- 2–3 grüne Peperoni (Glas oder Kühltheke)
- 1 EL grüne Oliven
- 1 EL Kapern
- 6 EL Gemüsebrühe oder -fond
- Zucker
- 3–4 Stiele glatte Petersilie

1. Thunfisch in 2 bis 3 dicke Streifen schneiden. Den Fisch rundherum in grob gemahlenem Pfeffer wälzen. 1 EL Olivenöl in einer Pfanne erhitzen, das Thunfischfilet 1½ bis 2 Minuten darin unter Wenden braten. Den Fisch sofort aus der Pfanne nehmen. Rundherum mit etwas Salz würzen und auf einem Teller beiseitestellen.
2. Tomaten und Paprika waschen und trocknen. Tomaten vierteln, das Fruchtfleisch von der Paprika in mundgerechte Würfel schneiden. Die Zwiebel schälen, vierteln und die einzelnen Schichten voneinander lösen.
3. Peperoni abtropfen lassen und je nach Größe halbieren oder vierteln.
4. Oliven und Kapern fein hacken und mit Gemüsebrühe und dem restlichen Olivenöl (3 EL) verrühren. Mit 1 Prise Zucker und Pfeffer abschmecken. Salz ist nicht notwendig, Kapern und Oliven enthalten genug davon.
5. Die Thunfischstreifen in mundgerechte dicke Scheiben schneiden, sodass der innere, rohe Kern zu erkennen ist.
6. Je 1 Stück Thunfisch mit Tomaten, Zwiebeln, Paprika und Peperoni abwechselnd auf 12 Spieße stecken, auf eine Platte legen. Mit Oliven-Kapern-Vinaigrette beträufeln. Mit den Petersilienblättern bestreut servieren.

35 Minuten
Pro Stück: 7 g E, 5 g F, 2 g KH = 84 kcal

Tipp: Den Fisch sofort nach dem Braten aus der heißen Pfanne nehmen, damit er nicht nachgaren kann.

Vorbereiten: Knackiges Gemüse schmeckt am besten, wenn es erst kurz vor dem Essen zubereitet wird.

5 WURSTSALAT-SPIESSCHEN

Für 24 Stück:

- 1 Stück Rettich (250 g)
- 30 Scheiben Geflügelfleischwurst (250 g)
- 24 Cornichons
- 2 EL Obstessig
- 1 EL mittelscharfer Senf
- 2 EL Rapsöl
- Salz, Pfeffer, Zucker
- 1 kleine rote Zwiebel

1. Den Rettich schälen und in dünne Scheiben schneiden.
2. Je 5 Scheiben Geflügelfleischwurst und Rettich übereinanderstapeln und mit 4 Holzstäbchen fixieren, dabei je 1 Cornichon mit aufspießen. Die Rettich-Wurst-Stapel quer und längs von oben nach unten durchschneiden, sodass 4 Spieße entstehen. Den Vorgang mit den restlichen Wurst- und Rettichscheiben wiederholen. Die Holzstäbchen nach unten etwas durchziehen, damit die Spieße besser zusammenhalten.
3. Essig, Senf und Öl verrühren und mit Salz, Pfeffer und einer Prise Zucker abschmecken.
4. Die Spieße auf kleine Teller legen und mit der Sauce beträufeln.
5. Die Zwiebel schälen und in dünne Spalten schneiden. Die Spieße mit den Zwiebeln bestreuen.

25 Minuten
Pro Stück: 1 g E, 3 g F, 1 g KH = 36 kcal

Tipp: Die Spießchen gelingen auch mit Gelbwurst oder Geflügeljagdwurst. Wer mag, fädelt noch ausgestochene Käsescheiben mit auf die Spieße.

Vorbereiten: Gut abgedeckt und kühl gelagert, überstehen die Spieße ein paar Stunden im Kühlschrank. Zwiebeln und Sauce erst unmittelbar vor dem Essen darübergeben.

⑥ MATJESSALAT

Für 30 Stück:
- ½ Salatgurke
- 150 g Eisbergsalat
- 3 EL Zitronensaft
- 2 rote Äpfel
- 6 Matjesfilets (ca. 450 g)
- ½ Bund Dill
- 2 Gewürzgurken oder 4–5 Gurkenhappen (z. B. Dill- oder Senfgurken)
- 200 g stichfeste saure Sahne
- Salz, Pfeffer

1. Die Gurke abspülen, trocken reiben, halbieren und in etwa 1 cm dicke Stücke schneiden. Den Eisbergsalat putzen und in 2 cm × 2 cm große Quadrate schneiden, dabei darauf achten, dass immer 2 bis 3 Blättchen aneinander haften.
2. 2 EL Zitronensaft in eine Schüssel geben, die Äpfel abspülen, trocken tupfen und die Kerngehäuse entfernen. Die Äpfel in Spalten schneiden, die Spalten einmal quer halbieren. Apfelstückchen im Zitronensaft wenden.
3. Matjes eventuell trocken tupfen und in 3 cm breite Streifen schneiden (aus jedem Matjesfilet 5 Stücke schneiden).
4. Dillästchen fein schneiden, Gewürzgurke fein würfeln. Saure Sahne mit dem restlichen Zitronensaft, Dill und Gurken verrühren und mit wenig Salz und Pfeffer abschmecken.
5. Zuerst die Apfelstücke auf Spieße stecken und etwa 6 cm hoch zur Mitte schieben. Die Gurkenstücke nebeneinander auf die Arbeitsfläche legen, darauf je 1 Stück Matjes und Eisbergsalat mit der Wölbung nach unten. Auf den Eisbergsalat einen Klecks vom Dressing geben, und den Stapel mit dem Spieß, auf dem bereits der Apfel steckt, fixieren.

35 Minuten
Pro Stück: 3 g E, 4 g F, 2 g KH = 62 kcal

Tipp: Wenn der Eisbergsalat wie beschrieben auf den Spieß gesteckt wird, bildet er eine »Schale«, aus der das Dressing nicht herauslaufen kann.

Vorbereiten: Die Sauce kann einen halben Tag vorher zubereitet werden. Alles andere schmeckt knackfrisch am besten.

WEITERE IDEEN FÜR SALATE VOM SPIESS

Fetasalat
Verschiedenfarbige Paprikaschoten würfeln, abwechselnd mit Schafskäse und Spalten von roten Zwiebeln aufstecken. Essig und Olivenöl mit Honig verquirlen und würzen. Über die Spieße träufeln.

Surf-and-Turf-Salat
Dünn geschnittene Minutensteaks vom Rind von jeder Seite 1 bis 2 Minuten braten, abkühlen lassen und halbieren. Zusammen mit Partygarnelen, Oliven und Eisbergsalat aufstecken und mit einer Essig-Öl-Pesto-Marinade beträufeln.

Rote-Bete-Salat
Orangenfilets und Rote-Bete-Kugeln aus dem Glas nehmen. Abwechselnd mit ziehharmonikaartig gefalteten Rucolablättern aufstecken. Zitronensaft, Honig und Öl verquirlen, mit Fenchelsamen würzen und über die Spieße träufeln.

Caesar-Salat
Gebratene Geflügelbruststreifen, knusprig ausgelassenen Speck und geröstete Knoblauchcroûtons abwechselnd auf den Spieß stecken. Römersalat in dünne Streifen schneiden und mit einer Salatsauce aus Mayonnaise, Zitronensaft und Worcestershiresauce mischen. Die Salatstreifen in kleine Gläser verteilen, Parmesan darüberhobeln und mit dem Geflügelspieß servieren.

Erdbeer-Caprese-Salat
Kleine Erdbeeren, Mozzarella und Basilikum auf Spieße stecken. Mit Crema di Balsamico beträufeln und mit grobem Pfeffer würzen.

Birnen-Bohnen-Salat
Bohnen in mundgerechte Stücke schneiden und in Salzwasser knackig garen. Je 4 bis 5 Bohnen in eine halbe Scheiben Schinken einrollen und mit einer Perlzwiebel und einer Scheibe frischer Birne aufstecken.

1 POLLO-TONNATO-HÄPPCHEN

Für 30 Stück:
- 1 l Geflügelbrühe
- 2 Hähnchenbrüste mit Haut und Knochen
- 1 Dose Thunfisch natur (195 g, mit MSC-Siegel)
- 2–3 EL Salatcreme
- 1–2 EL Zitronensaft
- Pfeffer
- 80 g feine Spinat- oder rote Mangoldblätter
- 1 EL Kapern
- 1 Dose Sardellen (50 g)

1. Brühe in einem weiten Topf aufkochen. Hähnchenbrüste zugeben und zugedeckt bei kleiner Hitze 15 Minuten köcheln. Topf beiseiteziehen, das Hähnchenfleisch in der Brühe abkühlen lassen.
2. Thunfisch mit Flüssigkeit in ein hohes Gefäß geben, Salatcreme zugeben und zu einer festen Creme pürieren. Mit Zitronensaft und Pfeffer abschmecken. Ist die Creme zu fest, etwas von der Hähnchenbrühe zugeben.
3. Spinatblätter waschen und trocken schleudern. Die Blätter auf einer Servierplatte oder Portionstellern verteilen, große Blätter vorher klein schneiden.
4. Die Hähnchenbrüste aus der Brühe nehmen, die Haut abziehen und das Fleisch vom Knochen schneiden. Fleisch in mundgerechte Stücke schneiden und auf den Spinat legen. Je 1 Klecks Thunfischcreme daraufgeben.
5. Kapern und Sardellen abtropfen lassen, Sardellen klein schneiden. Die Hähnchenhappen damit verzieren und mit einem Holzstäbchen fixieren.

90 Minuten (davon 30 Minuten Arbeitszeit)
Pro Stück: 7 g E, 1 g F, 0 g KH = 38 kcal

Tipp: Hähnchenbrust mit Haut und Knochen bleibt saftiger als Brustfilet. Wenn Sie es in der Brühe abkühlen lassen, gerät es besonders zart.

Vorbereiten: Das Hähnchenfleisch am Vortag kochen und in der Brühe im Kühlschrank aufbewahren.

2 ASIATISCHE TOFUSPIESSCHEN

Für 20 Stück:
- 20 g Ingwer
- 1 Knoblauchzehe
- 1 rote Chilischote
- 4 EL Sojasauce
- 1–2 EL Limettensaft
- 2 EL geröstetes Sesamöl
- 200 g Tofu
- 150 g Zuckerschoten
- 150 g kleine Champignons
- 1 kleine rote Paprikaschote

1. Ingwer und Knoblauch schälen und fein hacken. Chilischote in dünne Ringe schneiden. Sojasauce, Limettensaft und Sesamöl verrühren, Ingwer, Knoblauch und Chilischote unterrühren.
2. Den Tofu in etwa 2 cm große Würfel schneiden, in die Würzsauce geben und etwa 30 Minuten abgedeckt marinieren.
3. Zuckerschoten, Pilze und Paprikaschote putzen. Die Zuckerschoten halbieren, Paprikaschote in mundgerechte Würfel schneiden.
4. Den Backofen auf 200 °C vorheizen.
5. Gemüse und Tofuwürfel abwechselnd auf 20 Holzspieße stecken und auf ein mit Backpapier belegtes Blech legen, die abgetropfte Marinade auf die Spieße träufeln.
6. Auf der mittleren Schiene 15 bis 20 Minuten garen, nach 10 Minuten die Spieße einmal umdrehen.

80 Minuten (davon 30 Minuten Arbeitszeit)
Pro Stück: 2 g E, 2 g F, 1 g KH = 30 kcal

Tipp: Für fruchtige Spieße stecken Sie Würfel von 2 bis 3 Scheiben Ananas zusätzlich auf.

Vorbereiten: Den Tofu können Sie bereits am Vorabend marinieren.

1
2

2
1

① RINDFLEISCHRÖLLCHEN MIT NORI-ALGEN

Für 20 Stück:

- ½ große Salatgurke (350 g)
- 2 EL eingelegter Sushi-Ingwer (Gari, Asialaden)
- 1 Beet Daikonkresse oder einfache Kresse
- 1 Nori-Algenblatt (Asialaden)
- 2 EL Sojasauce
- Pfeffer
- 20 Scheiben Roastbeef (350 g)

1. Die Gurke waschen, trocken reiben und längs halbieren. Die Gurkenkerne mit einem kleinen Löffel herausschaben und die Gurkenhälften in eine Schüssel raspeln.
2. Den Ingwer in Streifen schneiden, Kresse vom Beet schneiden, beides zur Gurke geben.
3. Die Hälfte vom Noriblatt in 1 cm dicke Streifen schneiden, die Streifen halbieren und beiseitelegen. Den Rest in kurze, feine Streifen schneiden und zur Gurke geben. Den Salat mischen und mit Sojasauce und Pfeffer würzen.
4. Die Roastbeefscheiben nebeneinander auf eine Platte legen. Mit einer Gabel ein wenig vom Gurkensalat aus der Marinade heben und auf das untere Ende der Fleischscheibe setzen. Das Fleisch fest aufrollen.
5. Je 1 Streifen Nori-Alge darumwickeln und die Algenstreifen an der Nahtstelle leicht benetzen. Mit der Nahtstelle nach unten auf einer Platte anrichten.

30 Minuten
Pro Stück: 5 g E, 1 g F, 0 g KH = 33 kcal

Tipp: So geht's besonders leicht: Das Noriblatt mit einer Küchenschere in Streifen schneiden.

Vorbereiten: Frisch gewickelt schmecken die Rindfleischröllchen am besten.

② SOMMERROLLEN MIT FLUSSKREBSFLEISCH

Für 20 Stück:

- 200 g Flusskrebsfleisch
- 1 große Möhre
- 100 g Eisbergsalat
- 40 g geröstete und gesalzene Erdnüsse
- 50 g Alfalfasprossen
- 2 EL Sojasauce
- 2 EL Limettensaft
- 1–2 EL geröstetes Sesamöl
- 20 Blätter Reispapier (Asialaden, 19 cm × 19 cm)

1. Das Flusskrebsfleisch in ein Sieb geben und gut abtropfen lassen.
2. Möhre schälen und grob raspeln. Den Eisbergsalat in feine Streifen schneiden, Erdnüsse grob hacken. Flusskrebsfleisch, Möhrenraspel, Salat, Erdnüsse und Sprossen in eine Schüssel geben.
3. Sojasauce, Limettensaft und Sesamöl gut verrühren und unter die Zutaten heben.
4. Eine Schüssel mit Wasser und ein feuchtes Küchentuch bereitlegen.
5. Je 1 Reispapierblatt einige Sekunden in das Wasser tauchen und auf das Küchentuch legen, dabei zeigt eine Spitze nach unten. Mit 1 bis 2 EL Füllung mittig belegen, die Seiten einschlagen und aufrollen. Die Rollen halten von allein zusammen.

30 Minuten
Pro Stück: 2 g E, 2 g F, 7 g KH = 58 kcal

Tipp: Wer mag, kann noch Korianderblätter oder Thaibasilikum unter die Füllung mischen. Als Dip etwas Sojasauce oder süß-scharfe Asiasauce dazu reichen.

Vorbereiten: Decken Sie die Rollen sehr gut mit Folie ab, dann lagern sie ohne Qualitätsverlust 4 bis 5 Stunden im Kühlschrank. Wenn die Folie nicht gut schließt, könnten die Sommerrollen austrocknen.

PFANNKUCHENRÖLLCHEN MIT PIKANTER HÄHNCHENFÜLLUNG

Für 15 Stück:

- 5 Eier
- 100 ml Milch
- 100 g Mehl
- 1 TL Backpulver
- Salz, Pfeffer
- ½ Bund Schnittknoblauch oder Schnittlauch
- 1 EL Sesam
- ½ Brathähnchen vom Grill oder von der Fleischtheke (ca. 350 g Fleisch)
- 1 großes Bund Rucola (80 g)
- 3 EL Pflaumenmus
- 1 EL Fünf-Gewürze-Pulver (Asialaden)
- 2–3 EL Weißweinessig

1. Den Backofen auf 200 °C vorheizen.
2. Eier, Milch, Mehl und Backpulver mit dem Pürierstab aufmixen, mit Salz und Pfeffer würzen. Schnittknoblauch fein schneiden und zusammen mit dem Sesam unterrühren.
3. Ein Backblech mit Backpapier belegen und den Pfannkuchenteig daraufgießen. Auf der unteren Schiene 8 bis 10 Minuten garen, bis die Oberfläche fest ist. Den Teig mit dem Backpapier auf ein Küchentuch ziehen und abkühlen lassen.
4. Das Fleisch von Haut und Knochen trennen und klein schneiden. Rucola waschen und trocken tupfen. Pflaumenmus mit Fünf-Gewürze-Pulver und Essig verrühren.
5. Auf der unteren langen Seite des Pfannkuchens Fleisch und Rucola verteilen, die Sauce darüberträufeln und den Pfannkuchen fest aufrollen. Die Rolle in ca. 3 cm breite Röllchen schneiden und mit Holzspießen fixieren.

45 Minuten (davon 30 Minuten Arbeitszeit)
Pro Stück: 9 g E, 4 g F, 8 g KH = 106 kcal

Tipp: Pfannkuchenteig gelingt garantiert ohne Klümpchen, wenn man die Zutaten kurz mit einem Pürierstab mixt.

Vorbereiten: Den Eierkuchen und die Sauce können Sie schon einige Stunden vor dem Essen zubereiten und das Fleisch von Haut und Knochen befreien und kleinschneiden. Belegt und gerollt wird der Snack erst kurz vor dem Servieren.

2
1

① MÖHREN UND SCHALOTTEN IM SAFRAN-HONIG-SUD

Für 25 Spießchen:
- 3 dicke Möhren (300 g)
- 500 g kleine Schalotten
- 6 EL Olivenöl
- 2 EL Honig
- 125 ml Gemüsefond oder -brühe
- 1 Döschen Safranfäden (0,1 g)
- 1 EL Zimt
- 2 Nelken
- 3–4 Lorbeerblätter
- Salz, Pfeffer

1. Die Möhren schälen und in dicke Scheiben schneiden. Schalotten schälen, dabei den Wurzelansatz nur ganz knapp abschneiden, sodass die einzelnen Zwiebelschichten nicht auseinanderfallen.
2. Öl und Honig in einem weiten Topf verrühren. Gemüsebrühe, Safran, Zimt, Nelken und Lorbeerblätter zugeben und unterrühren. Mit Salz und Pfeffer würzen, Schalotten und Möhren zugeben.
3. Einmal aufkochen und zugedeckt bei mittlerer Hitze 12 bis 15 Minuten sehr knackig garen. Das Gemüse im Sud abkühlen lassen.
4. Je 1 oder 2 Stückchen Gemüse auf einen kleinen Spieß stecken und mit etwas Sud beträufelt auf kleinen Tellern oder Gläsern servieren.

70 Minuten (davon 30 Minuten Arbeitszeit)
Pro Stück: 0 g E, 2 g F, 2 g KH = 33 kcal

Tipp: Sie können jeweils 1 Stückchen Serranoschinken oder 1 dünne Scheibe Chorizosalami mit auf die Spießchen stecken.

Vorbereiten: Das aromatische Gemüse bleibt im Sud 2 bis 3 Tage appetitlich.

② SESAMKARTOFFELN MIT PAPRIKA-MOJO

Für 12 Portionen:
- 18 kleine Kartoffeln (ca. 700 g)
- 4–6 EL Olivenöl
- 1–2 EL Sesam
- grobes Meersalz
- 1 grüne Paprikaschote
- 1 Knoblauchzehe
- 1 Bund Koriander oder Petersilie
- 1 EL Zitronensaft
- evtl. etwas Gemüsebrühe
- Salz, Pfeffer

1. Den Backofen auf 200 °C vorheizen.
2. Die Kartoffeln gründlich waschen und mit der Schale halbieren. Je 3 Kartoffelhälften seitlich auf einen Metallspieß stecken und mit der Schnittfläche nach oben auf ein mit Backpapier belegtes Blech legen.
3. Die Kartoffeln mit 2 bis 3 EL Öl bestreichen, mit Sesam und grobem Salz bestreuen. Auf der mittleren Schiene etwa 25 bis 30 Minuten backen.
4. Inzwischen die Paprikaschote putzen und das Fruchtfleisch grob würfeln, die Knoblauchzehe schälen und grob würfeln. Koriander- oder Petersilienblätter von den Stielen zupfen und alle Zutaten zusammen mit 2 EL Öl und Zitronensaft in den Blitzhacker geben. Die Zutaten gut pürieren, eventuell noch etwas Öl oder Gemüsebrühe unterrühren und mit Salz und Pfeffer abschmecken.
5. Heiße oder lauwarme Kartoffeln mit der kalten grünen Sauce servieren.

50 Minuten (davon 25 Minuten Arbeitszeit)
Pro Stück: 1 g E, 4 g F, 8 g KH = 75 kcal

Tipp: Für die Kartoffelspieße eignen sich Spieße aus Metall besser als aus Holz. Holzspieße brechen leicht.

Vorbereiten: Die Sauce bleibt 1 Tag im Kühlschrank frisch, vor dem Servieren gut durchrühren und eventuell noch einmal abschmecken.

Rinderfilet mit gelierter Vinaigrette
CAVIAR
Apfel-Süßkartoffel-Rösti mit Kaviar

VOM FEINSTEN

Lust auf Luxus? Dann her mit den noblen Zutaten! Feine Filets, Seafood und edle Gewürze kosten weniger, wenn man sie in kleinen Snackportionen genießt. Lammrücken, Kaviar und Safran machen dennoch immer etwas her: Man muss kein ausgebuffter Kochprofi sein, um hier einen großen Auftritt zu haben.

1
2

② BÜNDNERFLEISCH MIT MARINIERTEM GRANA

Für 12 Portionen:

- 30 g italienischer Hartkäse am Stück (Grana Padano oder Parmigiano Reggiano)
- 3 EL milder Balsamessig
- 1 Bio-Zitrone
- 3–4 EL Olivenöl
- ½ TL Senf
- Salz, Pfeffer
- 100 g Artischockenherzen (Glas)
- 40–50 g Rucola (geputzt und gewaschen)
- 125 g Bündnerfleisch in hauchdünnen Scheiben

1. Den Käse mit einem Messer in kleine Brocken brechen und in einer Schüssel mit dem Balsamessig mischen. Mindestens ½ Tag durchziehen lassen.
2. Die Zitrone abwaschen und trocken reiben. 1 TL Schale dünn abreiben, 2 EL Zitronensaft auspressen.
3. Zitronensaft mit Olivenöl, Senf, Salz und Pfeffer verrühren. Die Artischockenherzen abtropfen lassen und in dünne Spalten schneiden. Salat in Streifen schneiden.
4. Auf Portionslöffeln oder sehr kleinen Tellern das Bündnerfleisch locker zusammengeschlagen verteilen. Artischocken, Salat, Vinaigrette und Käsebröckchen darauf verteilen.

6 ½ Stunden (davon 30 Minuten Arbeit)
Pro Portion: 4 g E, 3 g F, 1 g KH = 53 kcal

Tipp: Fragen Sie doch Ihren Schlachter einmal, ob er Ihnen Rinderfilet so dünn wie für Carpaccio aufschneidet! Noch ein bisschen edler als mit Bündnerfleisch.

Vorbereiten: Der Grana kann mehrere Tage im Balsamessig aufbewahrt werden, er sollte von der Flüssigkeit bedeckt sein.

① ARTISCHOCKENBÖDEN MIT LAMMFILET UND SALAT

Für 12 Stück:

- 4 EL Olivenöl
- 2 Lammrückenfilets (Lammlachse, à 250 g)
- Salz
- 2 Dosen Artischockenböden (210 g Abtropfgewicht, je 6 Böden)
- 1 EL Balsamessig
- 4 EL Gemüsebrühe oder -fond
- Pfeffer, Zucker
- 150 g Feldsalat
- grob geschroteter Pfeffer

1. 2 EL Öl in einer Pfanne erhitzen und die Lammrückenfilets darin rundherum 4 bis 5 Minuten braten. Die Pfanne beiseiteziehen, das Fleisch mit Salz würzen und bis zur weiteren Verwendung in der Pfanne lassen.
2. Die Artischockenböden in einem Sieb abtropfen lassen und auf einer Platte verteilen. Dabei eventuell die Böden glatt schneiden, sodass sie gerade stehen.
3. Für die Salatsauce Essig mit dem restlichen Öl (2 EL), Gemüsebrühe, Salz, Pfeffer und einer Prise Zucker verrühren. Die Sauce unter den Salat heben und in jeden Artischockenboden etwas Salat geben. Den Rest auf einer Platte verteilen.
4. Das Fleisch schräg in dünne Scheiben schneiden und je 1 Stück auf einen Artischockenboden legen. Mit grobem Pfeffer würzen.

20 Minuten
Pro Stück: 9 g E, 5 g F, 1 g KH = 93 kcal

Tipp: Für den Salat können Sie auch ein aromatisches Nussöl verwenden.

Vorbereiten: Der Salat nimmt lange Wartezeiten übel. Mischen Sie ihn erst kurz vor dem Essen unter die Salatsauce.

1 RINDERFILET MIT GELIERTER VINAIGRETTE

Für 20 Portionen:

- 2 Blatt weiße Gelatine
- 4 EL Rapsöl
- 3 Filetsteaks (à 150 g)
- Salz, Pfeffer
- 2 EL Walnuss- oder Haselnussöl
- 4 EL trockener Sherry
- 4 EL weißer Balsamessig oder Weißweinessig
- 100 ml Rinderfond oder -brühe
- 2 Tomaten
- 4 Frühlingszwiebeln
- 125 g feine Salatblätter (z. B. Baby Leaf, Feldsalat oder Rucola)

1. Gelatine in kaltem Wasser einweichen.
2. 1 EL Rapsöl in einer Pfanne erhitzen, die Filetsteaks darin von jeder Seite 2 Minuten braten. Mit Salz und Pfeffer würzen, in Alufolie wickeln und beiseitestellen.
3. Restliches Rapsöl (3 EL) mit Nussöl, Sherry, Essig und Rinderfond oder -brühe verrühren. Mit Salz und Pfeffer würzen.
4. Die Tomaten vierteln, die Kerne herausschneiden und das Fruchtfleisch fein würfeln. Frühlingszwiebeln waschen, trocken schütteln und in feine Ringe schneiden. Tomaten und Frühlingszwiebeln unter die Vinaigrette mischen.
5. Gelatine tropfnass in einen kleinen Topf geben, bei milder Hitze auflösen und unter die Vinaigrette rühren. Etwa 30 Minuten im Kühlschrank gelieren lassen.
6. Salatblätter waschen und trocken schleudern. Das Fleisch aus der Folie wickeln, längs halbieren und in dünne Scheiben schneiden. Die Vinaigrette mit einer Gabel durchrühren.
7. Auf kleine Portionsteller oder -gläser je etwas Salat, 1 bis 2 Scheiben Rinderfilet und 1 bis 2 EL der gelierten Vinaigrette geben.

80 Minuten (davon 30 Minuten Arbeitszeit)
Pro Portion: 5 g E, 3 g F, 1 g KH = 57 kcal

Tipp: Die Snacks gelingen auch mit gekauftem Roastbeefaufschnitt.

Vorbereiten: Fleisch und Vinaigrette vertragen ein paar Stunden im Kühlschrank.

2 AUBERGINENSCHNITZEL MIT KALBSHACKFÜLLUNG

Für 30 Stücke:

- 1 schlanke Aubergine (300 g)
- Salz
- 1 Bund Petersilie
- 1 Zwiebel
- 5 g getrocknete Steinpilze
- 1 EL Butter
- 250 g Kalbshackfleisch
- 1 Ei
- 1 Scheibe Toastbrot
- 5 EL Milch
- Pfeffer
- 3–4 EL Mehl
- 6–8 EL Rapsöl

1. Aubergine waschen, Blattansatz abschneiden. Aubergine längs halbieren und quer in 5 mm dicke Scheiben schneiden. Scheiben nebeneinander auf Küchenpapier legen und mit Salz bestreuen. Petersilie waschen, trocken schütteln und die Blätter abzupfen.
2. Zwiebel schälen und fein würfeln, Steinpilze fein hacken.
3. Butter in einer kleinen Pfanne erhitzen, Zwiebel und Pilze darin 2 bis 3 Minuten glasig dünsten.
4. Hackfleisch, Ei, grob zerzupftes Toastbrot und Milch zusammen mit der Zwiebel-Pilz-Mischung in einer Schüssel vermengen und mit Salz und Pfeffer würzen.
5. Auberginen mit Küchenpapier trocken tupfen, und auf die Hälfte der Scheiben etwas von der Kalbsfüllung geben. Mit einer zweiten Scheibe abdecken und andrücken, dann im Mehl wenden, überschüssiges Mehl abschütteln.
6. Öl in einer Pfanne erhitzen und die Schnitzel von beiden Seiten etwa 2 bis 3 Minuten goldbraun braten. Auf Küchenpapier abtropfen lassen und auf einer Platte im Ofen bei 80 °C warm halten.
7. Petersilie in Streifen schneiden und üppig auf die Auberginen streuen.

45 Minuten
Pro Stück: 2 g E, 3 g F, 1 g KH = 42 kcal

Vorbereiten: Bereiten Sie die Füllung für die Auberginen einige Stunden vor dem Essen zu.

1
2

1
2

1 JAKOBSMUSCHEL-CEVICHE

Für 16 Portionen:

- 16 Jakobsmuscheln (ca. 450 g)
- 3 Limetten
- 1 rote Chilischote
- 1 Avocado (reif und fest)
- 2–3 Stangen Staudensellerie
- 3 Stiele Koriander
- 2 EL Olivenöl
- 1 EL Honig
- Salz

1. Die Jakobsmuscheln quer zur Faser in jeweils 3 bis 4 Scheiben schneiden und in eine Glasschüssel geben. Limetten auspressen, mit der fein gewürfelten Chilischote mischen und über die Muschelscheiben gießen. Abgedeckt im Kühlschrank 30 Minuten durchziehen lassen.
2. Die Avocado halbieren, Schale und Kern entfernen und das Fruchtfleisch längs in Streifen schneiden. Staudensellerie waschen, die Fäden auf der gewölbten Seite mit einem Messer abziehen und die Stangen in feine Scheiben schneiden. Korianderblättchen von den Stielen zupfen und grob hacken.
3. Die Jakobsmuscheln in einem Sieb abtropfen lassen, den Sud dabei auffangen.
4. Vorsichtig die Jakobsmuscheln mit Avocado, Staudensellerie und Koriander vermengen und auf 12 kleine Schalen verteilen.
5. 4 EL vom Sud mit Öl, Honig und etwas Salz verrühren und darüberträufeln.

30 Minuten
Pro Portion: 6 g E, 3 g F, 3 g KH = 69 kcal

Tipp: Durch die Säure verändert sich das Eiweiß der Muscheln ähnlich wie beim Garen. Verwenden Sie für dieses Gericht nur sehr frisches Muschelfleisch.

Vorbereiten: Mindestens 30 Minuten vor dem Essen, höchstens etwa 2 Stunden.

2 GARNELEN AM ZITRONENGRASSPIESS

Für 16 Stück:

- 500 g küchenfertige rohe Garnelen (eventuell aufgetaute TK-Garnelen)
- 1 Eiweiß
- 20 g Ingwer
- 1 Knoblauchzehe
- 1 kleine rote Paprikaschote
- 1 Bio-Limette
- 9 Stiele Zitronengras
- 2 EL Sojasauce
- Cayennepfeffer
- 4 EL Rapsöl

1. Garnelen und Eiweiß in einer Küchenmaschine oder einem Blitzhacker zerkleinern. Kalt stellen.
2. Ingwer und Knoblauch schälen und fein hacken. Paprika waschen, trocknen und die Rippen und Kerne herausschneiden. Das Fruchtfleisch in kleine Würfel schneiden. Die Limettenschale abreiben, die Limette halbieren und 1 bis 2 EL Saft auspressen. 1 Stiel Zitronengras halbieren und das weiche Innere fein würfeln.
3. Die Garnelenmasse mit den vorbereiteten Zutaten mischen, mit Sojasauce und Cayennepfeffer würzen. Die Masse kalt stellen.
4. Den Wurzelansatz der übrigen Zitronengrasstiele abschneiden und die Stiele halbieren.
5. 2 EL Öl auf einem Backblech verteilen. Mit feuchten Händen je etwa 1 gehäuften EL der Garnelenmasse zu einer kleinen Bulette formen und darauflegen. Je ½ Stiel Zitronengras tief in die Bulette drücken.
6. Das restliche Öl vorsichtig mit einem Backpinsel auf die Garnelenmasse streichen. Unter dem vorgeheizten Backofengrill bei 225 °C von beiden Seiten je 4 Minuten grillen, sofort servieren.

90 Minuten (davon 50 Minuten Arbeitszeit)
Pro Stück: 6 g E, 3 g F, 1 g KH = 57 kcal

Tipp: Wer mag, serviert dazu einen süßsauren Asiadip oder Teriyakisauce.

Vorbereiten: Die Masse kann einige Stunden abgedeckt im Kühlschrank stehen.

GEFLÜGELKROKETTEN MIT WALNUSSKRUSTE

1. Hähnchenbrust in Streifen schneiden und in 1 EL heißem Öl 4 bis 5 Minuten rundherum knusprig braun braten. In der Pfanne mit etwas Salz und Pfeffer würzen und beiseitestellen.
2. Butter in einem Topf erhitzen. 60 g Mehl mit einem Schneebesen einrühren, bis eine glatte Creme entstanden ist. Die Milch zugeben und unter Rühren aufkochen. Bei niedriger Hitze 2 bis 3 Minuten köcheln lassen und mit Salz und Pfeffer würzen. Die Masse ist sehr fest!
3. Das Hähnchenfleisch und die abgezupften Petersilienblätter fein hacken oder im Mixer zerkleinern und mit dem Eigelb unter die Masse rühren. 2 Stunden im Kühlschrank abkühlen lassen.
4. Das Ei mit Harissa in einem tiefen Teller verquirlen. Die Walnüsse mit 35 g Paniermehl in einem zweiten Teller mischen. Das restliche Mehl (40 g) in einem dritten Teller bereitstellen.
5. Mit einem Esslöffel Nocken aus der Hähnchenmasse abstechen und vorsichtig im Mehl wälzen. Danach im Ei wenden und zum Schluss in der Walnuss-Semmelbrösel-Mischung wenden. Die Panierung muss die Kroketten komplett ummanteln, sonst läuft die Füllung beim Frittieren aus.
6. Das restliche Öl in einer Pfanne mit hohem Rand erhitzen. Je 4 bis 5 Kroketten in das heiße Öl geben und 2 bis 3 Minuten ausbraten. Im Ofen bei 100 °C warm halten, bis alle Kroketten fertig sind.

Für 20 Stück:
- 300 g Hähnchenbrust
- 1 EL Rapsöl + 200 ml zum Frittieren
- Salz, Pfeffer
- 40 g Butter
- 100 g Mehl
- 250 ml Milch
- ½ Bund Petersilie
- 1 Eigelb
- 1 Ei
- 1 EL Harissa oder ½ TL geschrotete Chilischoten und ½ EL Tomatenmark
- 40 g fein gehackte Walnüsse
- 75 g Paniermehl

3 Stunden (davon 1 Stunde Arbeitszeit)
Pro Stück: 5 g E, 7 g F, 7 g KH = 120 kcal

Tipp: Servieren Sie die Kroketten z. B. in Papier-Muffinförmchen mit ein paar Salatstreifen, frischen Kräutern, Rote Bete, Silberzwiebeln oder Oliven garniert.

Vorbereiten: Die Geflügelmasse soll mindestens 2 Stunden kalt stehen, damit sie etwas fester wird. Ein paar Stunden mehr dürfen es auch sein.

FEINES AUS MÜRBETEIG

4
5
6

FEINES AUS MÜRBETEIG

Zugegeben: Mürbeteigschiffchen und -torteletts sind nicht gerade im Handumdrehen zubereitet. Sie lassen sich jedoch sehr gut vorbereiten und lagern. So können Sie sich öfter mal für den kleinen Hunger edle Zwischenmahlzeiten kreieren und haben auch bei spontanen Gästen immer eine Kleinigkeit zum Anbieten im Haus.

Wenn Sie Zeit und Lust zum Backen haben, können Sie den Teig kneten und im Kühlschrank 1 bis 2 Wochen in Frischhaltefolie verpackt lagern. Bevor es ans Weiterverarbeiten geht, den Teig eine halbe Stunde bei Zimmertemperatur liegen lassen, dann geht das Ausrollen leichter von der Hand.

Auch eine Lagerung im Tiefkühlschrank nimmt Mürbeteig nicht übel (höchstens 3 Monate). Oder aber, Sie backen einfach Tarteletts und Schiffchen auf Vorrat. Kühl und trocken in Keksdosen verpackt, bleiben die kleinen Teigteilchen wie süße Plätzchen 2 bis 3 Wochen knusprig.

1 MÜRBETEIG FÜR PIKANTES GEBÄCK

Für 1 Springform, 10 Tarteletts, 40 Mürbeteigschiffchen oder 50 runde Plätzchen:

- 200 g Mehl
- 125 g Butter (½ Stunde vor dem Backen aus dem Kühlschrank nehmen)
- 1 Ei
- Salz
- evtl. Fett für die Form

1. Mehl, Butter, Ei und eine Prise Salz in eine Schüssel geben und mit den Knethaken des Handmixers zu einem Teig verrühren. Eventuell kurz mit den Händen zu einer Kugel zusammendrücken, in Folie einwickeln. 30 bis 60 Minuten im Kühlschrank ruhen lassen.
2. Den Backofen auf 220 °C vorheizen.
3. Den Teig auf einer bemehlten Arbeitsplatte ausrollen und in gefettete Backformen (zum Beispiel Schiffchenformen) legen oder zu verschieden großen Plätzchen ausstechen. Den Teigboden von Tartelettes, Mürbeteigschiffchen und Springformen mit einer Gabel einige Male einstechen.
4. Für kalt gefüllte Teile den Teigboden mit Backpapier belegen und mit Hülsenfrüchten oder Backerbsen bedecken.
5. Plätzchen etwa 12 bis 15 Minuten, Tartelettes, Schiffchen und Springformen etwa 20 bis 25 Minuten backen.

Etwa 2 Stunden (davon 15 Minuten Arbeitszeit)

Tipp: Sie können 50 g Mehl durch fein gemahlene Nüsse ersetzen oder zusätzlich 1 bis 2 TL frische oder getrocknete Mittelmeerkräuter, fein gemahlene getrocknete Steinpilze oder 30 g geriebenen Hartkäse (z. B. Grana Padano oder Emmentaler) zugeben.

② RATATOUILLE-TARTELETTS

Für 10 Stück:
- 1 Grundrezept Mürbeteig
- 1 rote Paprikaschote
- 1 kleine Aubergine
- 1 mittelgroße Zucchini
- 1 Zwiebel (60 g)
- 1 Knoblauchzehe
- 2 Zweige oder 1–2 TL getrockneter Rosmarin
- 2 EL Öl
- Salz, Pfeffer
- 100 g Ziegenfrischkäse
- 2–3 EL Milch
- 2 Eier
- Fett für die Tartelettförmchen

1. Mürbeteig nach Grundrezept zubereiten und kalt stellen.
2. Gemüse waschen und trocken reiben. Stiel, Rippen und Kerne aus der Paprika herausschneiden, Stielansatz von Aubergine und Zucchini abschneiden. Das Gemüse würfeln. Zwiebel und Knoblauch schälen und fein würfeln, den Rosmarin von den Stielen zupfen.
3. Öl in einer beschichteten Pfanne erhitzen und zunächst Zwiebeln, Knoblauch und Paprika 2 bis 3 Minuten dünsten, dann Zucchini und Aubergine zugeben und weitere 3 Minuten garen. Die Rosmarinnadeln untermischen und mit Salz und Pfeffer würzen.
4. Ziegenfrischkäse mit der Milch glattrühren, dann mit den Eiern verquirlen. Mit Salz und Pfeffer würzen.
5. Backofen auf 200 °C vorheizen.
6. Den Mürbeteig auf einer bemehlten Arbeitsfläche ausrollen und 10 gefettete Tartelettformen (Ø 10 cm) damit auskleiden. Die Ratatouille einfüllen und den Eierguss darauf verteilen.
7. Auf der mittleren Schiene 25 bis 30 Minuten backen. Lauwarm servieren.

Ohne Mürbeteig 1 Stunde (davon 30 Minuten Arbeitszeit)
Pro Stück: 6 g E, 15 g F, 17 g KH = 233 kcal

Vorbereiten: Das Ratatouillegemüse können Sie am Vortag schnippeln und braten.

③ LAUWARMER CHICORÉESALAT

Für 40 Stück:
- 1 Grundrezept Mürbeteig
- 3 weiße oder rote Chicorée (ca. 700 g)
- 100 g Pancetta (italienischer Speck, ersatzweise durchwachsener Speck oder Bacon)
- 2–3 EL Ahornsirup
- 3–4 EL Balsamessig
- Salz, Pfeffer

1. Mürbeteig nach dem Grundrezept herstellen und 40 Mürbeteigschiffchen backen.
2. Chicorée waschen, den harten Strunk keilförmig herausschneiden und in Streifen schneiden.
3. Pancetta würfeln und in einer beschichteten Pfanne ohne Fett 2 bis 3 Minuten knusprig braten. Ahornsirup und Balsamessig zugeben und mit Salz und Pfeffer würzen.
4. Die Pfanne von der Platte ziehen, den Chicorée unterheben und eventuell noch einmal mit Salz und Pfeffer würzen. Den Salat sofort in den Mürbeteigschiffchen servieren.

Ohne Mürbeteig 15 Minuten
Pro Stück: 1 g E, 3 g F, 5 g KH = 55 kcal

Tipp: Wer keinen Ahornsirup im Haus hat, nimmt flüssigen Honig.

Vorbereiten: Die Füllung ist blitzschnell zubereitet, vorbereiten lohnt sich nicht.

④ CHAMPIGNON-MORCHEL-RAGOUT IN MÜRBETEIGECKEN

Für 40 Stück:

- 1 Grundrezept Mürbeteig
- 150 ml Gemüsefond (Glas)
- 10 g getrocknete Morcheln
- 1 kleine Zwiebel
- 300 g kleine Champignons
- 2–3 Zweige Estragon
- 1 EL Butter
- 1 EL Mehl
- 75 ml trockener Weißwein
- 150 g Kochsahne (15 % Fett)
- Salz, Pfeffer
- 1 EL Rapsöl

1. Den Mürbeteig nach dem Grundrezept zubereiten und 40 kleine Mürbeteigquadrate backen.
2. Den Gemüsefond erhitzen und die getrockneten Morcheln darin 15 Minuten einweichen.
3. Zwiebel schälen und fein würfeln, Champignons putzen und in Scheiben schneiden. Estragonblättchen von den Stielen zupfen und fein schneiden.
4. Die Butter in einem kleinen Topf erhitzen und die Zwiebeln darin glasig dünsten. Das Mehl darüberstäuben und kurz anschwitzen. Mit Weißwein ablöschen und fast vollständig einkochen lassen.
5. Den Gemüsefond durch einen Kaffeefilter laufen lassen, damit eventuell vorhandener Sand nicht ins Essen gelangt, die Morcheln in Scheiben schneiden.
6. Den gefilterten Gemüsefond, Sahne und die Morcheln zugeben und aufkochen lassen. Bei ganz kleiner Hitze 5 bis 6 Minuten köcheln lassen. Mit Salz und Pfeffer abschmecken.
7. Das Öl in einer beschichteten Pfanne erhitzen und die Champignons 3 bis 4 Minuten goldbraun braten. Champignons und Estragon unter die Sauce heben, eventuell noch einmal erhitzen und abschmecken. Das Ragout in die Mürbeteigförmchen füllen und sofort servieren.

Ohne Mürbeteigquadrate 35 Minuten
Pro Stück: 1 g E, 4 g F, 4 g KH = 57 kcal

Vorbereiten: Kochen Sie die Zwiebel-Sahne-Sauce einen Tag vor dem Essen. Die eingeweichten Morcheln in die fertige Sauce geben und möglichst rasch abkühlen lassen.

⑤ LACHSFORELLEN-PANNFISCH-QUICHE

Für 12 Stücke:

- 1 Grundrezept Mürbeteig
- Fett für die Form
- 2 Zwiebeln
- 1 EL Rapsöl
- 500 g gegarte Kartoffeln
- 500 g Lachsforellenfilet
- 1 Bund Dill
- 100 g Senfgurken (Glas)
- 150 g Kochsahne (15 % Fett)
- 3 Eier
- 2 EL körniger Senf
- Salz, Pfeffer

1. Mürbeteig nach dem Grundrezept herstellen und eine gefettete Quicheform damit auslegen.
2. Backofen auf 180 °C vorheizen.
3. Zwiebeln schälen und in halbe Ringe schneiden. Öl in einer beschichteten Pfanne erhitzen und die Zwiebeln darin 3 bis 4 Minuten bei mittlerer Hitze glasig dünsten.
4. Kartoffeln und Lachsforelle in Scheiben schneiden. Den Dill waschen, trocken schütteln und fein schneiden. Die Gurken abtropfen lassen und würfeln.
5. Sahne mit Eiern und Senf verrühren, mit Salz und Pfeffer kräftig würzen. Dill und Gurken unterheben.
6. Kartoffeln, Lachsforelle und Zwiebeln auf den Mürbeteig geben und mit der Senfsahne übergießen.
7. Die Quiche 40 bis 45 Minuten auf der unteren Schiene backen, heiß oder warm servieren.

Ohne Mürbeteig 80 Minuten (davon 35 Minuten Arbeitszeit)
Pro Stück: 14 g E, 15 g F, 18 g KH = 274 kcal

Tipp: Die Quiche schmeckt auch mit anderen Sorten Fischfilet köstlich. Versuchen Sie es einmal mit Saibling.

Vorbereiten: Pellkartoffeln und Mürbeteig können 1 bis 2 Tage vorher zubereitet werden.

⑥ FRUCHTIG-SCHARFE AVOCADO-PLÄTZCHEN

Für 50 Stück:
- 1 Grundrezept Mürbeteig
- 3–4 Avocados
- 1 Orange
- ½ Bund Koriander
- 2–3 Knoblauchzehen
- 100 g Magerquark
- Salz, Cayennepfeffer
- einige Blätter Radicchio
- 1 EL Schwarzkümmel

1. Mürbeteig nach dem Grundrezept zubereiten und 50 Mürbeteigplätzchen backen.
2. Avocados halbieren, Kern entfernen und das Fruchtfleisch mit einem Löffel aus der Schale lösen. In eine Schüssel geben und mit einer Gabel oder einem Kartoffelpüreestampfer zerkleinern.
3. Die Orange schälen, die Fruchtsegmente voneinander lösen und die Orange in kleine Stückchen schneiden. Den Koriander waschen, trocken schütteln und die Blättchen fein schneiden. Den Knoblauch schälen und fein hacken.
4. Orange, Koriander, Knoblauch und Quark mit der Avocado verrühren und mit Salz und Cayennepfeffer sehr würzig abschmecken.
5. Die Avocado mit einem Teelöffel oder einem Spritzbeutel auf den Mürbeteigplätzchen verteilen und auf einer Platte servieren. Die Radicchioblätter in feine Streifen schneiden. Die Hälfte der Plätzchen mit den Radicchiostreifen, die andere Hälfte mit Schwarzkümmel bestreuen.

Ohne Mürbeteigplätzchen 25 Minuten
Pro Stück: 1 g E, 4 g F, 5 g KH = 64 kcal

Tipp: Sie können die Avocadocreme auch als Dip zu Gemüsestreifen servieren.

Vorbereiten: Nach einiger Zeit wird die Avocadocreme unansehnlich dunkel. Gut abgedeckt kann sie aber 3 bis 4 Stunden im Kühlschrank aufbewahrt werden.

DEKO-PFLÄNZCHEN

Kräuter setzen nicht nur optische, sondern auch geschmackliche Akzente, obendrein sind sie noch gesund. Deshalb wird in so vielen Rezepten dieses Buches ein Kraut als Zutat verwendet.

Statt Kräuter wie einen Blumenstrauß in ein Glas zu stellen, lagern Sie die empfindlichen Blättchen lieber in einem Gefrierbeutel im Gemüsefach des Kühlschrankes.

Petersilie
Der frisch-würzige Geschmack kommt besonders gut zur Geltung, wenn Petersilie üppig verwendet wird. Nehmen Sie nicht nur ein paar Blättchen, sondern gleich das ganze Bund.

Dill
Die intensive Würzkraft der zarten Dillblättchen passt vor allem zu Fisch- und Gurkengerichten, Quark und Eierspeisen.

Schnittlauch
Mit seinem milden Zwiebelaroma bieten sich die aromatischen Stängel immer dort an, wo frisch-würziges Aroma erwünscht, beißende Zwiebelschärfe aber fehl am Platz wäre. Besonders gut in Salaten und Quark.

Rosmarin
Ein Hauch Süden für Gemüse- und Fleischgerichte. Das leicht bittere, kräftig-würzige Kraut eignet sich besonders gut für alle mediterranen Gemüsesorten wie Tomaten, Auberginen und Zucchini.

Estragon
Frisch-würzig und leicht bitter, passt das Lieblingskraut der Franzosen zu Fisch, Pilzen, Gemüse, Muscheln und Geflügel. Intensiv-würzige Sorten lieber sparsam dosieren, der Geschmack kann andere Aromen überdecken.

Koriander
In der asiatischen und lateinamerikanischen Küche ist das leicht scharfe Küchenkraut (Cilantro) mit intensiven Aromen unentbehrlich. Es harmoniert mit Gemüse, Salaten, Fisch, Fleisch und Geflügel.

1
2

① APFEL-SÜSSKARTOFFEL-RÖSTI MIT KAVIAR

Für 25 Stück:
- 1 Süßkartoffel (300 g)
- 2 kleine Äpfel
- 1 große Zwiebel
- 2 Eier
- 3 gehäufte EL Dinkelmehl (Type 630)
- Salz, Pfeffer
- 3–4 EL Rapsöl
- 1 Bio-Zitrone
- 250 g saure Sahne
- ½ Bund Kerbel
- 100 g Kaviar

1. Süßkartoffel und Apfel schälen und grob raspeln. Bei Äpfeln gelingt das besonders schnell, wenn sie im Ganzen rundherum geschält werden und dann von allen Seiten bis zum Kerngehäuse gerieben werden.
2. Die Zwiebel schälen und fein würfeln. Süßkartoffel, Apfel und Zwiebel in eine Schüssel geben, mit Eiern und Mehl verrühren, mit Salz und Pfeffer würzen.
3. Nacheinander je 1 EL Rapsöl in einer beschichteten Pfanne erhitzen und kleine Puffer von jeder Seite 2 Minuten bei mittlerer Hitze ausbacken. Die Puffer kurz auf Küchenpapier abtropfen lassen und im Backofen bei 80 °C warm halten, bis alle Rösti fertig sind.
4. Die Zitrone waschen, trocken reiben und 2 bis 3 TL Zitronenschale abreiben. Zitronenschale mit der sauren Sahne verrühren und je einen Klecks auf die Rösti setzen. Kerbel waschen und trocken schütteln.
5. Je 1 kleinen TL Kaviar auf die Zitronencreme geben. Mit Kerbel garnieren.

60 Minuten
Pro Stück: 2 g E, 4 g F, 6 g KH = 69 kcal

Tipp: Je nach Geschmack und Geldbeutel können Sie sich Ihre bevorzugte Sorte Kaviar aussuchen. Für Vegetarier gibt es »Kaviar« aus Algen. Aber auch mit einem Stück Pfeffermakrele oder Räucherlachs sind die Rösti ein Renner.

Vorbereiten: Der Röstiteig kann einen halben Tag im Kühlschrank warten.

② FEINE FISCHTELLER-SÜLZE

Für 16 Portionen:
- 600 g Fischfilet (z. B. Rotbarbe, Scholle, Lachsforelle)
- 250 g Möhren
- 250 g Kirschtomaten
- 4 EL Olivenöl
- Salz, Pfeffer
- 200 g Flusskrebsfleisch (Kühlregal)
- 10 Blatt weiße Gelatine
- 2 Gläser Fischfond (à 400 ml)
- 1 Tütchen Safran (0,1 g)
- 6–8 EL Wermut
- 6–8 EL Weißweinessig
- 1 Fenchelknolle (300 g)
- 2 EL Mehl

1. Fischfilet in Streifen schneiden. Möhren schälen und in feine Stifte schneiden, Kirschtomaten waschen, trocknen und halbieren.
2. 2 EL Olivenöl in einer großen beschichteten Pfanne erhitzen. Möhrenstreifen und Fisch zugedeckt 2 bis 3 Minuten bei milder Hitze garen, mit Salz und Pfeffer würzen. Möhren, Fisch, Tomaten und Flusskrebsfleisch auf 16 kleine Teller verteilen.
3. Gelatine in kaltem Wasser einweichen.
4. 200 ml Fischfond mit dem Safran erhitzen. Die ausgedrückte Gelatine im Fond auflösen und den restlichen kalten Fischfond unterrühren. Mit Wermut, Essig, Salz und Pfeffer feinsäuerlich abschmecken. Fond über Gemüse und Fisch gießen und abgedeckt in den Kühlschrank stellen.
5. Fenchel waschen und halbieren. Die Fenchelhälften in feine Scheiben schneiden, im Mehl wenden, überschüssiges Mehl abschütteln. Eventuell vorhandenes Fenchelgrün beiseitelegen.
6. Restliches Öl (2 EL) in einer beschichteten Pfanne erhitzen und den Fenchel darin in 5 bis 6 Minuten knusprig braten, mit Salz und Pfeffer würzen. Etwas abkühlen lassen und die Tellersülze mit Fenchel und eventuell Fenchelgrün servieren.

3½ Stunden (davon 40 Minuten Arbeitszeit)
Pro Stück: 10 g E, 4 g F, 3 g KH = 96 kcal

Vorbereiten: Wenn das Gemüse und der Fisch komplett mit dem Aspik bedeckt sind, kann die Tellersülze problemlos 1 Tag im Kühlschrank stehen.

DIM SUM MIT HERZHAFTER FÜLLUNG

Für 15 Stück:

- 275 g Mehl + Mehl für die Arbeitsfläche
- ½ Päckchen Trockenhefe
- Salz, Zucker
- 4 EL Rapsöl
- 1 große Zwiebel
- 1 Knoblauchzehe
- 20 g Ingwer
- 300 g Chinakohl
- 250 g Schweinemett
- 2 EL Reiswein oder Sherry
- 1 TL Stärke
- 2 EL Teriyakisauce
- Pfeffer
- 1 Ei
- 2 Frühlingszwiebeln
- 4 EL Sojasauce
- ½ TL geröstetes Sesamöl

1. Mehl, Trockenhefe, ½ TL Salz und eine Prise Zucker in einer Schüssel mischen. 1 EL Öl und 140 ml lauwarmes Wasser zugeben und mit den Knethaken des Handmixers zu einem glatten Teig verkneten. Zugedeckt an einem warmen Ort etwa 1 Stunde zur doppelten Größe aufgehen lassen.

2. Zwiebel, Knoblauchzehe und Ingwer schälen und fein würfeln. Den Chinakohl waschen, trocken schütteln und den Strunk herausschneiden. Chinakohlblätter in Streifen schneiden.

3. 1 EL Öl in einer Pfanne erhitzen, das Schweinemett darin 3 bis 4 Minuten scharf anbraten und in eine Schüssel geben.

4. Die Pfanne auswischen, 2 EL Öl erhitzen. Zuerst Zwiebeln, Knoblauch und Ingwer darin bei milder Hitze einige Minuten glasig dünsten, dann den Chinakohl zugeben und etwa 3 bis 5 Minuten weiterschmoren, bis der Kohl gar ist.

5. Den Reiswein mit Stärke verrühren und zusammen mit dem Hackfleisch und der Teriyakisauce zum Gemüse geben. Einmal aufkochen und mit Zucker, wenig Salz und Pfeffer abschmecken. Die Füllung abkühlen lassen, dann das Ei unterrühren.

6. Den Teig in 15 Stücke teilen und auf einer leicht bemehlten Arbeitsplatte dünn ausrollen. Je 1 gehäuften EL Füllung daraufgeben, den Teig an den Seiten hochnehmen, oben zusammendrehen und mit den Händen zu kleinen »Säckchen« formen.

7. Einen weiten Topf mit etwas Wasser zum Kochen bringen und den Dämpfeinsatz oder ein Edelstahlsieb, das in den Topf eingehängt werden kann, mit wenig Öl bestreichen. Je nach Größe des Siebeinsatzes 4 bis 6 Dim Sum mit der Nahtstelle nach unten hineinlegen, aufs Wasserbad setzen und zugedeckt 15 Minuten garen. Den Deckel erst abnehmen, wenn die Dim Sum fertig sind. Im vorgeheizten Backofen bei 80 °C warm halten, bis alle Teigtaschen fertig sind.

8. Die Frühlingszwiebeln fein schneiden und mit der Sojasauce und Sesamöl verrühren. Den Dip zu den Dim Sum reichen.

2 ½ Stunden (davon 60 Minuten Arbeitszeit)
Pro Stück: 6 g E, 8 g F, 15 g KH = 168 kcal

Tipp: Vegetarier ersetzen das Fleisch durch die gleiche Menge gewürfelten Tofu.

Vorbereiten: Dim Sum eignen sich hervorragend zum Einfrieren. Die tiefgefrorenen Bällchen direkt auf den geölten Dämpfeinsatz legen, die Garzeit verlängert sich um 3 bis 4 Minuten.

1
2

① WÜRZIGE ECLAIRS MIT STREMELLACHS

Für 30 Stücke:
- 125 ml Milch
- 60 g Butter
- ½ TL Salz
- 1 Msp. gemahlene Muskatnuss
- 175 g Dinkelmehl (Type 630)
- 3 Eier
- 1 roter Apfel
- 1 EL Zitronensaft
- 1 Bund Schnittlauch
- 200 g Frischkäse mit Bärlauch oder Kräutern
- 2–3 EL Apfelsaft
- 250 g Stremellachs oder Räucherforelle bzw. -lachs in Scheiben

1. Backofen auf 200 °C vorheizen. 125 ml Wasser, Milch, Butter, Salz und Muskatnuss im Topf aufkochen. Das Mehl zugeben und umrühren, bis sich der Teigkloß vom Boden löst.
2. Teig in einer Schüssel leicht abkühlen lassen. Eier einzeln zugeben und mit den Knethaken unter den Teig arbeiten. Das nächste Ei immer erst zugeben, wenn das vorige Ei komplett verrührt ist.
3. Teig in einen Spritzbeutel mit Lochtülle füllen und etwa 5 cm lange Streifen auf ein mit Backpapier belegtes Blech setzen. Auf mittlerer Schiene ca. 20 Minuten backen. Das Gebäck herausnehmen und mit einem Sägemesser oder einer Küchenschere einen Deckel abschneiden. Vollständig abkühlen lassen.
4. Vom Apfel 30 hauchdünne Spalten abschneiden und mit Zitronensaft beträufeln, das restliche Fruchtfleisch fein würfeln. Einige Schnittlauchspitzen beiseitelegen, den Rest in Röllchen schneiden.
5. Frischkäse mit Apfelsaft glattrühren, Apfelstückchen und Schnittlauch unterheben und mit Salz und Pfeffer abschmecken.
6. Den Stremellachs mit 2 Gabeln in Stücke teilen und mit dem Frischkäse auf den unteren Teilen der Eclairs verteilen. Mit Apfel und Schnittlauch belegen und den Deckel aufsetzen.

2 Stunden (davon 40 Minuten Arbeitszeit)
Pro Stück: 4 g E, 5 g F, 6 g KH = 84 kcal

Vorbereiten: Die Eclairs können mehrere Stunden vor dem Essen gebacken werden, sollten aber frisch gefüllt werden, damit sie nicht durchweichen.

② SALBEI-KÄSE-GEBÄCK

Für 40 Stück:
- 80 g Butter
- 1 TL Salz
- 1 Msp. gemahlene Muskatnuss
- 150 g Dinkelmehl (Type 630)
- 4 Eier
- 150 g würziger Käse (z. B. Emmentaler, Greyerzer, Bergkäse)
- 2 Stiele Salbei

1. Backofen auf 200 °C vorheizen.
2. 250 ml Wasser, Butter, Salz und Muskatnuss in einem Topf aufkochen. Das Mehl auf einmal zugeben und mit einem Holzlöffel rühren, bis sich der Teig als Kloß vom Boden löst.
3. Den Teig in eine Schüssel geben, die Eier einzeln zugeben und mit dem Holzlöffel oder den Knethaken vom Handmixer unter den Teig arbeiten. Das nächste Ei immer erst zugeben, wenn das vorige Ei komplett verrührt ist.
4. Den Käse fein reiben, die Salbeiblätter von den Stielen zupfen und in feine Streifen schneiden. Beides unter den Teig heben.
5. Mit 2 Teelöffeln kleine Nocken formen oder mit einem Spritzbeutel mit Lochtülle kleine Tupfen auf ein mit Backpapier belegtes Blech geben und auf der mittleren Schiene etwa 20 Minuten backen.

50 Minuten (davon 30 Minuten Arbeitszeit)
Pro Stück: 2 g E, 3 g F, 3 g KH = 50 kcal

Tipp: Auch andere kräftige Mittelmeerkräuter verleihen dem Käsegebäck ein köstliches Aroma – versuchen Sie es mal mit Rosmarin oder Thymian.

Vorbereiten: Das lockere Käsegebäck schmeckt am besten lauwarm, daher besser frisch backen. Den Teig können Sie einige Stunden vorher zubereiten. Decken Sie den Teig mit einem Stück geölter Frischhaltefolie ab, damit er nicht austrocknet.

Hähnchen mit Walnusssauce
Blätterteigröllchen Spinat-Ricotta
S
Basilikum
Saure Sahne

BLITZ-FINGERFOOD

Wieder mal keine Zeit? Macht nichts! Bei keinem Rezept in diesem Kapitel dauert es länger als 20 Minuten, bis leckere Snacks auf dem Teller liegen. Viele sind bereits innerhalb von 10 Minuten fertig. Wie das gelingt? Einfach leckere Zutatenkombis finden und mit Kräutern, Sprossen, Nüssen oder Samen köstlich arrangieren.

2
1

1 ANANAS IM SPECKMANTEL

Für 16 Stück:

- 1 Packung Bacon (100 g, 8 Scheiben)
- 4 Scheiben Ananas (Kühlregal der Obstabteilung oder Dose)
- ½ TL Fünf-Gewürze-Pulver
- Pfeffer
- ½ Bund Koriander

1. Die Speckscheiben längs teilen. Die Ananasringe vierteln, mit Fünf-Gewürze-Pulver und Pfeffer würzen. Den Koriander waschen, trocken schütteln und die Blättchen von den Stielen zupfen.
2. Eine beschichtete Pfanne ohne Fett erhitzen.
3. 1 bis 2 Blättchen Koriander auf die Ananasstückchen legen und mit einer halben Scheibe Speck umwickeln. Die Ananasstücke mit der »Nahtseite« nach unten in die Pfanne legen. Von beiden Seiten je 2 bis 3 Minuten braten.
4. Auf Portionstellern oder einer Platte anrichten und mit den restlichen Korianderblättchen bestreuen.

15 Minuten
Pro Stück: 1 g E, 2 g F, 1 g KH = 27 kcal

Tipp: Schmeckt auch mit Trockenpflaumen, -datteln oder -aprikosen oder mit festen Bananen.

Vorbereiten: Die Häppchen bleiben gewickelt und gut abgedeckt im Kühlschrank einen halben Tag frisch.

2 SCHNELLE MAISPUFFER

Für 20 Stück:

- 100 g Brunnenkresse
- 1 kleine Dose Mais (140 g Abtropfgewicht)
- 2 Eier
- 60 g Mehl
- 60 g Maisgrieß (Polenta)
- Salz, Pfeffer, geriebene Muskatnuss
- 2 EL Rapsöl
- 200 g Sour Cream

1. Die Kresse waschen und trocken schütteln, die Blätter von den Stielen zupfen und die Hälfte der Blätter fein hacken. Den Mais in ein Sieb geben und abtropfen lassen.
2. Die Eier mit 100 ml Wasser, Mehl und Maisgrieß verrühren, dann den Mais und die gehackte Kresse unterziehen und mit Salz, Pfeffer und Muskatnuss würzen.
3. Kleine Puffer nacheinander mit wenig Fett goldbraun in einer Pfanne braten. Fertige Puffer im Backofen bei 80 °C warm halten.
4. Die Puffer mit einem Klecks Sour Cream und der restlichen Kresse anrichten.

20 Minuten
Pro Stück: 2 g E, 3 g F, 7 g KH = 60 kcal

Tipp: Variieren Sie die Kräuter – wenn es ganz schnell gehen soll, kann es auch eine Packung Tiefkühlkräuter sein. Statt Sour Cream eignen sich Kräuterquark oder körniger Frischkäse fürs Topping.

Vorbereiten: Den Teig können Sie mehrere Stunden vor dem Essen zubereiten.

KLEINE ASIA-OMELETTS MIT GARNELEN

1. Den Backofen auf 200 °C vorheizen. Die Mulden der Muffinform mit flüssiger Butter ausstreichen und in den Backofen stellen.
2. Die Frühlingszwiebeln waschen und in feine Ringe schneiden. Eier mit 100 ml Asia-Chili-Sauce und den Frühlingszwiebelringen verrühren. Mit Salz und Pfeffer abschmecken und in einen Behälter mit Ausgießer, z. B. ein Litermaß, füllen.
3. Die Eiermasse gleichmäßig in die Mulden des Muffinbackblechs gießen und 10 Minuten garen.
4. In der Zwischenzeit die Garnelen abtropfen lassen und unter den Limettensaft heben. Mit wenig Salz und Pfeffer würzen.
5. Die Omeletts seitlich mit einem kleinen Löffel anheben und aus den Mulden nehmen. Auf einer Platte, kleinen Tellern oder in Muffinmanschetten anrichten, einige Garnelen und Sprossen auf das Omelett geben und mit etwas Asia-Chili-Sauce beträufeln.

20 Minuten
Pro Stück: 8 g E, 5 g F, 6 g KH = 110 kcal

Tipp: Ideen für andere Omeletts: mit hauchdünn geschnittenem Staudensellerie, Dill und Nordseekrabben, mit geriebenem Käse und fein geschnittener Paprikaschote, mit vielen frischen Kräutern oder mit Mais, Zwiebelwürfeln und Barbecuesauce – probieren Sie aus, was Ihnen schmeckt.

Vorbereiten: Da der Backofen ohnehin ein paar Minuten braucht, bis er heiß genug ist, können Sie in dieser Zeit die Eier zubereiten. Vorbereiten lohnt sich nicht. Die Omeletts schmecken auch kalt.

Für 12 Stück:
- 1 EL zerlassene Butter
- 1 Bund Frühlingszwiebeln
- 10 Eier
- 150 ml Asia-Chili-Sauce (Fertigprodukt)
- Salz, Pfeffer
- 150 g Eismeergarnelen (TK oder Kühlregal)
- 2 EL Limettensaft
- 30 g Sprossen nach Wahl (z. B. Radieschen- oder Mungobohnensprossen)
- außerdem: Muffinbackblech

1
2

① WURSTSNACK MIT RUCOLA

Für 20 Stück:
- 150 g Frischkäse (Rahmstufe)
- 40 g geriebener Hartkäse (Grana Padano oder Parmesan)
- Salz, Pfeffer
- 10 große Scheiben Schinkenmettwurst (etwa 10 cm Durchmesser, 150 g)
- 125 g Rucola (geputzt und gewaschen)
- 1–2 EL Olivenöl
- 1–2 EL Balsamessig

1. Frischkäse mit geriebenem Käse verrühren, mit wenig Salz und Pfeffer würzen.
2. Die Käsemischung auf die Schinkenmettwurstscheiben streichen und die Scheiben halbieren.
3. Je einige Blätter Rucola zusammenfalten und fest in die halbierten Wurstscheiben einschlagen. Mit einem Holzspieß oben zusammenstecken.
4. Die Wurstsnacks auf den restlichen Rucolablättern auf einer Platte anrichten und mit etwas Olivenöl und Balsamessig beträufeln.

15 Minuten
Pro Stück: 3 g E, 2 g F, 1 g KH = 35 kcal

Tipp: Schmeckt auch mit Feldsalat oder Baby-Leaf-Salat aus der Kühltheke.

Vorbereiten: Die Frischkäsecreme können Sie einige Stunden vorher zubereiten.

② MELONE MIT RICOTTA

Für 20 Stücke:
- 2 dicke Scheiben kernlose Wassermelone (ca. 500 g)
- grob geschroteter bunter Pfeffer
- 3 Stiele Basilikum
- 50 g schwarze Oliven ohne Stein
- 150 g Ricotta

1. Die Schale großzügig von der Melone schneiden und das Fruchtfleisch in 3 cm große Würfel schneiden. Die Melone großzügig mit grob geschrotetem Pfeffer würzen.
2. Die Basilikumblätter von den Stielen zupfen, Oliven eventuell abtropfen lassen.
3. Auf jeden Melonenwürfel mit einem Teelöffel einen großzügigen Klecks Ricotta geben. Mit Holzstäbchen je ein Blatt Basilikum und/oder eine schwarze Olive auf den Melonenhappen feststecken.

10 Minuten
Pro Stück: 1 g E, 1 g F, 1 g KH = 20 kcal

Tipp: Statt Ricotta können Sie auch Kräuterquark, Ziegenfrischkäse oder cremigen Feta verwenden. Auch mit Honig-, Cantaloup- oder Netzmelone gut.

Vorbereiten: Der Snack ist so blitzschnell zubereitet, dass sich Vorbereiten nicht lohnt.

1 FRISCHKÄSEKUGELN

Für 18 Stück:
- 150 g Ziegenfrischkäse oder cremiger Feta
- 200 g Frischkäse (Rahmstufe)
- Salz, Pfeffer
- ½ Bund Schnittlauch
- 1 EL Sesam
- 3 EL getrocknete Cranberrys
- 1 EL Haselnüsse
- eventuell Salatblätter, Radieschen, Kirschtomaten, Oliven

1. Den Ziegenfrischkäse mit einer Gabel in einer Schüssel zerdrücken. Den Frischkäse zugeben und zu einer glatten Masse vermengen, dabei mit Salz und Pfeffer würzen.
2. Den Schnittlauch in Röllchen schneiden und mit Sesam auf einem kleinen Teller mischen, auf einem zweiten Teller die klein gehackten Cranberrys und Haselnüsse.
3. Mit einem Teelöffel kleine Mengen von der Käsemasse abstechen und Kugeln formen. Jeweils die Hälfte der Kugeln in den beiden Mischungen wälzen, dabei etwas andrücken.
4. Die Frischkäsekugeln in Pralinenkapseln anrichten oder auf einer Platte mit Salatstreifen, eventuell Radieschen, Kirschtomaten und Oliven.

20 Minuten
Pro Stück: 2 g E, 3 g F, 3 g KH = 50 kcal

Tipp: Erlaubt ist, was gefällt: Sie können die Frischkäsekugeln auch in gehackten Pistazien, Mandeln, Cashewkernen oder Walnüssen wenden. Auch geschrotete roten Pfefferbeeren oder bunter Pfeffer, Kümmel oder Kreuzkümmelsamen, Pumpernickelbrösel und alle Sorten gehackte Kräuter eignen sich als Ummantelung für die Käsebällchen.

Vorbereiten: Einige Stunden vor dem Essen können Sie die Kugeln zubereiten und abgedeckt im Kühlschrank aufbewahren.

2 HÄHNCHEN MIT WALNUSS-SAUCE

Für 30 Portionen:
- 3 Scheiben Toastbrot
- 100 g Walnusskerne
- 1 kleine Knoblauchzehe
- 4 EL Olivenöl
- 200–250 g Naturjoghurt (3,5 % Fett)
- Salz, Pfeffer
- 2 Köpfe Mini-Romanasalat (250 g)
- 1 fertig gegartes Hähnchen vom Grill
- ½–1 TL Paprikapulver (nach Geschmack süß oder scharf)

1. Das Toastbrot grob zerzupfen. Toastbrot, Walnusskerne, geschälte Knoblauchzehe, 2 EL Öl und die Hälfte des Joghurts im Blitzhacker fein zerkleinern. Nach und nach den restlichen Joghurt unterrühren, bis eine geschmeidige Creme entstanden ist, mit Salz und Pfeffer abschmecken.
2. Den Romanasalat waschen und die Blätter auf eine Platte legen.
3. Das Hähnchenfleisch von Haut und Knochen trennen und in mundgerechte Stücke schneiden.
4. Je ein bis zwei Hähnchenstücke auf die Salatblätter geben und etwas Walnusssauce daraufgeben. Das restliche Öl (2 EL) mit Paprikapulver verrühren und darüberträufeln.

20 Minuten
Pro Portion: 5 g E, 4 g F, 2 g KH = 66 kcal

Tipp: Wer noch ein paar Minuten mehr Zeit hat, kann eine halbe rote Paprikaschote in dünne Streifen schneiden und den Hähnchensnack damit dekorieren.

Vorbereiten: Alle einzelnen Zutaten können ein paar Stunden vorher geputzt, geschnippelt und püriert werden. Das Anrichten ist dann in wenigen Minuten erledigt.

1
2

BUFFET FÜR ACHT
IN 60 MINUTEN

1. **BLÄTTERTEIGRÖLLCHEN SPINAT-RICOTTA** » S. 138
2. **GERÖSTETE CURRY-NÜSSE** » S. 139
3. **AVOCADO-KICHER-ERBSEN-SALAT** » S. 139
4. **BASILIKUM-BOHNENCREME AUF TOMATEN** » S. 140
5. **NEKTARINE MIT PARMA-SCHINKEN** » S. 140
6. **MORTADELLA-GRISSINI-STANGEN** » S. 141

BUFFET FÜR ACHT IN 60 MINUTEN

Nicht jeder, der gerne Gäste verwöhnt, hat auch viel Zeit zum Kochen. Deshalb gibt es hier einen Vorschlag, den Vielbeschäftigte schätzen werden. Sind die Einkäufe bereits erledigt, gelingt das Buffet innerhalb von 1 Stunde.

Checkliste, damit alles klappt:
Teller, Gläser, Bestecke und Servietten bereitstellen, zur Not Freunde bitten, Fehlendes auszuleihen.

Überlegen Sie sich rechtzeitig, wo Sie das Buffet aufbauen wollen. Legen Sie Tischdecken bereit. Sind keine vorhanden, tun es auch Papiertischdecken von der Rolle.

Am Abend, bevor die Gäste kommen, mal kurz überprüfen, ob wirklich alle Zutaten für die Rezepte im Haus sind, sonst eine Einkaufsliste für die letzten Besorgungen schreiben.

Am Tag der Feier, bevor Sie sich endgültig ans Kochen machen, stellen Sie am besten alle Zutaten bereit. Das klingt banal, macht den Arbeitsablauf jedoch flüssiger und spart letztlich Zeit.

Tipp: Knuspriges Brot und Butter dürfen auf einem Buffet nicht fehlen. Außerdem immer gut: Oliven, klein geschnittene Gurken und Kirschtomaten.

(1) BLÄTTERTEIGRÖLLCHEN SPINAT-RICOTTA

Für 16 Stück:

- 250 g aufgetauter TK-Blattspinat
- 2 feine, ungebrühte Bratwürste (200 g)
- 250 g Ricotta
- Salz, Pfeffer, geriebene Muskatnuss
- 1 Rolle Blätterteig (Kühlregal, 275 g)

1. Den Backofen auf 200 °C vorheizen.
2. Den Spinat gut mit den Händen ausdrücken und fein schneiden.
3. Das Bratwurstbrät direkt aus dem Darm in eine Schüssel drücken und mit Ricotta und Spinat verrühren. Mit wenig Salz, Pfeffer und Muskatnuss abschmecken.
4. Den Blätterteig mit dem beiliegenden Backpapier ausrollen und gleichmäßig mit der Masse bestreichen. Mithilfe des Backpapiers von der langen Seite her aufrollen und in 2 cm dicke Scheiben schneiden.
5. Die Röllchen nebeneinander auf ein mit Backpapier belegtes Blech legen und 25 bis 30 Minuten auf der mittleren Schiene backen.

40 Minuten (davon 10 Minuten Arbeitszeit)
Pro Stück: 4 g E, 9 g F, 6 g KH = 128 kcal

Vorbereiten: Die fertig gebackenen Röllchen sofort nach dem Abkühlen einfrieren. Dafür nebeneinander in eine ausreichend große Tüte legen. Zum Servieren tiefgefroren auf ein mit Backpapier belegtes Blech legen und im vorgeheizten Backofen 10 bis 12 Minuten bei 200 °C erwärmen.

② GERÖSTETE CURRYNÜSSE

Für 8–10 Portionen:

- 2 EL Rapsöl
- 300 g gemischte Nüsse (z. B. Cashewkerne, Haselnüsse, Walnüsse, Mandeln)
- 2 EL Zucker
- ½ TL Zimtpulver
- 1½ TL Salz
- 2 TL Currypulver

1. Das Öl in einer großen Pfanne erhitzen. Die Nüsse zugeben und 5 Minuten bei mittlerer Hitze goldbraun rösten. Dabei immer wieder rühren oder die Nüsse in der Pfanne durchschwenken.
2. Zucker, Zimt, Salz und Curry verrühren. Die Gewürzmischung über die Nüsse geben und unterrühren. Weitere 3 bis 5 Minuten unter Rühren rösten.
3. Die Nüsse auf einen großen Teller oder ein Stück Alufolie geben, sodass sie nebeneinander liegen, und auskühlen lassen.

10 Minuten
Pro Portion (bei 10): 6 g E, 18 g F, 7 g KH = 217 kcal

Tipp: Rösten Sie die Nüsse nur bei mittlerer Temperatur, das Currypulver wird sonst bitter.

Vorbereiten: Die Nüsse abgekühlt in einer Dose verpacken. So bleiben sie einige Tage frisch und knackig.

③ AVOCADO-KICHERERBSEN-SALAT

Für 8 Portionen:

- 1 Dose Kichererbsen (250 g Abtropfgewicht)
- 1 große reife Avocado
- 2 große Tomaten
- 1–2 EL Honig
- 3 EL Olivenöl
- 4 EL Orangensaft
- Salz, Cayennepfeffer
- ¼ TL Zimtpulver
- 1–2 TL Fenchelsamen
- 3–4 Stiele Minze

1. Kichererbsen in ein Sieb geben, mit klarem Wasser abspülen und abtropfen lassen.
2. Avocado halbieren, den Stein und die Schale entfernen und würfeln. Tomaten waschen, trocken reiben und ebenfalls würfeln.
3. Honig, Öl und Orangensaft verrühren, mit Salz, Cayennepfeffer, Zimt und Fenchelsamen herzhaft würzen. Tomaten, Avocado und Kichererbsen vorsichtig unterheben und in Portionsgläschen anrichten.
4. Minzeblättchen von den Stielen zupfen und darauf verteilen.

10 Minuten
Pro Portion: 3 g E, 7 g F, 9 g KH = 117 kcal

Info: Fenchelsamen finden Sie im Supermarkt im Teeregal. Fencheltee, im Aufgussbeutel oder lose, besteht aus den aromatischen Samen.

Vorbereiten: Auch wenn der spanisch-maurisch gewürzte Salat blitzschnell gemacht ist: Sie können ihn einen halben Tag vor dem Essen zubereiten.

④ BASILIKUM-BOHNENCREME AUF TOMATEN

Für 24 Stück:

- 4 getrocknete Tomaten in Öl + 2 EL Tomatenöl
- 1 Bund Basilikum
- 1 Dose weiße Bohnen (250 g Abtropfgewicht)
- 4–5 EL Gemüsebrühe oder -fond
- 1–2 EL Zitronensaft
- Salz, Pfeffer
- 12 mittelgroße Tomaten (600 g)

1. Tomaten durch ein Sieb abtropfen lassen und das Öl auffangen. Tomaten in Würfel schneiden. Basilikum waschen, trocken schleudern und die Blättchen bis auf einige zum Garnieren in Streifen schneiden.
2. Die Bohnen in ein Sieb geben und unter fließendem Wasser gründlich abspülen und abtropfen lassen. Bohnen in ein hohes Gefäß geben und mit Brühe, Zitronensaft und 2 EL Tomatenöl pürieren. Das Basilikum unterheben und mit Salz und Pfeffer abschmecken.
3. Die Tomaten waschen, trocken reiben und quer halbieren. Von der Rundung eine dünne Scheibe abschneiden, damit die Tomatenscheiben besser stehen. Die Creme in dicken Tupfen mit einem Teelöffel auf die Tomatenhälften setzen und je ein Blatt Basilikum darauflegen.

15 Minuten
Pro Stück: 1 g E, 1 g F, 3 g KH = 25 kcal

Tipp: Die Creme schmeckt auch auf dicken Rettich- oder Gurkenscheiben.

Vorbereiten: Leider nicht möglich, lohnt sich aber auch kaum.

⑤ NEKTARINE MIT PARMASCHINKEN

Für 16 Stück:

- 2 reife, aber noch feste Nektarinen
- 1 Kugel Mozzarella (125 g Abtropfgewicht)
- 8 Scheiben Parmaschinken (125 g)
- 2 Stiele Basilikum
- Chiliflocken

1. Die Nektarinen waschen, trocken reiben und in Spalten (je 8 pro Frucht) vom Kern schneiden.
2. Den Mozzarella abtropfen lassen, halbieren und jede Hälfte in 8 dünne Scheiben schneiden. Die Schinkenscheiben längs halbieren.
3. Je eine Nektarinenspalte und Mozzarellascheibe mit einem Schinkenstück umwickeln und mit einem Holzspieß seitlich fixieren. Je ein Basilikumblatt aufspießen und mit wenigen Chiliflocken bestreuen.

10 Minuten
Pro Stück: 4 g E, 3 g F, 2 g KH = 53 kcal

Tipp: Gelingt auch mit Pfirsichen und großen gelben Pflaumen.

Vorbereiten: Lohnt sich bei diesem Blitzrezept nicht.

⑥ MORTADELLA-GRISSINI-STANGEN

Für 24 Stück:

- 100 g saure Sahne
- 2 EL rotes Pesto
- 12 Scheiben Mortadella (150 g)
- 30 g Rucola (geputzt und gewaschen)
- 1 Packung Grissini (125 g)

1. Die saure Sahne mit dem Pesto verrühren.
2. Die Mortadellascheiben dünn mit der Creme bestreichen und halbieren.
3. Je ein paar Blättchen Rucola auf eine halbe Scheibe Mortadella geben und um ein Grissini wickeln.
4. In hohen Gläsern servieren.

10 Minuten
Pro Stück: 1 g E, 4 g F, 2 g KH = 52 kcal

Tipp: Schmeckt auch mit hauchdünner Salami oder Schinken.

Vorbereiten: Nicht nötig und nicht möglich – die Grissini sind nach ein paar Stunden nicht mehr knusprig.

ARBEITSPLAN FÜR DAS BLITZBUFFET

Wenn Sie die 6 Rezepte in der angegebenen Reihenfolge zubereiten, kann nichts schiefgehen und Sie schaffen alle Arbeiten innerhalb von einer guten Stunde.

1. Die Blätterteigröllchen zubereiten. Ist das Backblech mit dem Gebäck im Ofen, geht's weiter.

2. Die Currynüsse in der Pfanne rösten, bis sie aromatisch duften. Die Nüsse abkühlen lassen.

3. Den Avocado-Kichererbsen-Salat machen Sie am besten als Nächstes. In Portionsgläschen füllen, die Minze zupfen und für später in einer kleinen Dose aufbewahren.

4. Die Basilikum-Bohnencreme zubereiten. Die Tomatenhälften auf einer Servierplatte verteilen und die Creme daraufgeben. Basilikumblättchen für die Dekoration getrennt aufheben.

5. Sind die Blätterteigröllchen fertig goldbraun gebacken, aus dem Ofen nehmen und abkühlen lassen.

6. Nektarinen mit Parmaschinken fix und fertig zubereiten und anrichten.

7. Als Letztes die Grissinistangen mit der Mortadella umwickeln.

8. Die allerletzten Handgriffe: Basilikum auf die Bohnencreme streuen, den Avocado-Kichererbsen-Salat mit Minze dekorieren, die abgekühlten Blätterteigröllchen auf eine Platte legen und die Gewürznüsse in Portionsschälchen füllen.

TERIYAKI-LACHS MIT MILDER CURRYSAUCE

Für 20 Stück:
- 400 g frisches Lachsfilet (Sushi-Qualität)
- 4 EL Teriyakisauce
- 2 EL Orangen- oder Aprikosen-konfitüre
- 2 EL saure Sahne
- 1 EL mildes Currypulver
- Salz, Pfeffer
- 4 Zweige Koriander
- 2 EL Rapsöl
- 1 TL Sesam

1. Das Lachsfilet in 4 bis 5 dicke Streifen schneiden. Die Teriyakisauce in eine flache Schale geben und die Lachsstreifen darin wenden. Bis zum Braten beiseitestellen.
2. Konfitüre mit saurer Sahne und Currypulver verrühren, mit Salz und Pfeffer abschmecken. Die Sauce auf 20 Fingerfoodlöffel oder kleine Schalen verteilen.
3. Koriander waschen und trocken schütteln, die Blättchen von den Stielen zupfen.
4. Öl in einer großen beschichteten Pfanne erhitzen und die Lachsstreifen rundherum bei großer Hitze 1 bis 2 Minuten braten. Sofort herausnehmen und in dicke Scheiben schneiden.
5. Den Lachs auf die Sauce legen und mit Korianderblättchen und Sesam garnieren.

15 Minuten
Pro Stück: 4 g E, 3 g F, 1 g KH = 51 kcal

Info: Fisch in Sushi-Qualität ist besonders frisch, fragen Sie Ihren Fischhändler danach.

Vorbereiten: Den Lachs einige Stunden vor der Zubereitung klein schneiden und marinieren, die Sauce kann ebenfalls vorbereitet werden. Den Lachs erst kurz vor dem Essen anrichten, er schmeckt lauwarm am besten.

1 SCHARFE PAPRIKA-EIER

Für 16 Stück:
- 150 g gegrillte Paprikaschoten (Glas)
- 8 hart gekochte Eier
- Zucker
- Salz, Pfeffer
- rosenscharfes Paprikapulver
- 30 g kleine Sprossen (z. B. Alfalfa- oder Radieschensprossen)

1. Die Paprikaschoten abtropfen lassen und mit Küchenpapier gut trocken tupfen. Eine Schote beiseitelegen, den Rest grob zerschneiden und im Blitzhacker zu einem feinen Püree zerkleinern.
2. Die Eier halbieren, das Eigelb herauslösen und in eine Schüssel füllen. Das Paprikapüree zugeben und mit einer Gabel zu einer feinen Creme vermengen. Dabei mit einer Prise Zucker, Salz, Pfeffer und Paprikapulver pikant abschmecken.
3. Das scharfe Püree mit einem Teelöffel in die Eier füllen, die beiseitegelegte Paprikaschote in Streifen schneiden und mit den Sprossen auf den Eiern verteilen.

10 Minuten
Pro Stück: 4 g E, 2 g F, 1 g KH = 44 kcal

Info: Gefüllten Eiern hängt der Ruf an, altmodisch zu sein. Eigenartigerweise sind sie auf einem Buffet aber oft als Erstes verschwunden.

Vorbereiten: Hart gekochte Eier in der Schale bleiben bis zu einer Woche im Kühlschrank frisch, wenn sie nach dem Kochen nicht mit kaltem Wasser abgeschreckt werden, sondern im Kochwasser abkühlen.

2 ÜBERGRILLTER ZIEGENKÄSE

Für 12 Stück:
- 1 weißer oder roter Chicorée
- 6 TL Feigensenf
- 1 Rolle Ziegenfrischkäse (200 g)
- 6 TL flüssiger Honig
- 12 Walnusshälften
- einige Schnittlauchhalme in ca. 4–5 cm Länge
- schwarzer Pfeffer

1. Den Backofengrill vorheizen.
2. Die Chicoréeblätter ablösen, waschen und trocken schütteln. In jedes Blatt ½ TL Feigensenf geben.
3. Den Ziegenkäse in 12 Scheiben schneiden und nebeneinander auf ein mit Backpapier belegtes Blech legen. Mit dem Honig beträufeln und unter dem vorgeheizten Backofengrill 2 bis 4 Minuten auf der obersten Schiene gratinieren.
4. Den Ziegenkäse auf den Chicoréeblättern anrichten, mit je einer Walnusshälfte und Schnittlauch belegen und mit etwas frisch gemahlenem Pfeffer bestreuen.

15 Minuten
Pro Stück: 2 g E, 3 g F, 4 g KH = 54 kcal

Tipp: Der Ziegenkäse kann auch auf Brotscheiben oder Crackern angerichtet werden.

Vorbereiten: Lohnt sich nicht.

1
2

① MEERESFRÜCHTE-BOHNEN-SALAT

Für 8 Portionen:
- 5 EL Gemüsebrühe
- 2–3 EL Sherryessig (oder Weinessig)
- 3 EL Knoblauch- oder Olivenöl
- 1 Packung TK-Meeresfrüchte (nicht aufgetaut, 250 g)
- 1 Dose weiße Bohnen (250 g Abtropfgewicht)
- 3–4 Stiele oder ½–1 TL getrockneter Majoran
- 1 Bio-Zitrone
- 1 kleiner Kopf Radicchio
- Salz, Pfeffer

1. Gemüsebrühe mit Essig und Öl aufkochen, tiefgefrorene Meeresfrüchte zugeben, den Deckel auflegen und den Topf auf der ausgeschalteten Platte stehen lassen.
2. Bohnen abgießen und in ein Sieb geben. Mit fließendem Wasser abspülen und abtropfen lassen.
3. Majoranblättchen von den Stielen streifen, Zitrone längs achteln. Die Radicchioblätter waschen, trocken schütteln und in feine Streifen schneiden.
4. Bohnen und Majoran zu den Meeresfrüchten geben und mit Salz und Pfeffer würzen.
5. Zuerst den Radicchio, dann den Meeresfrüchtesalat in 8 hohe Gläser füllen, je ein Zitronenachtel auf das Glas legen und mit einer Gabel servieren.

10 Minuten
Pro Portion: 7 g E, 4 g F, 6 g KH = 93 kcal

Tipp: Bei einem größeren Buffet reicht die Menge für 16 kleine Portionen. Dann brauchen Sie 2 Zitronen zum Anrichten.

Vorbereiten: Ohne Kräuter und Zitrone kann der Salat gut 1 Tag im Voraus zubereitet werden.

② GURKENHAPPEN MIT MEERRETTICH-KRABBEN-SALAT

Für 20 Stück:
- 1 lange, schlanke Gurke (500 g)
- 5 dünne Stangen grüner Spargel
- 150 g Meerrettich-Frischkäse
- ½ Päckchen italienische TK-Kräuter
- 2 EL Milch
- 200 g Nordseegarnelen- oder Flusskrebsfleisch

1. Die Gurke waschen, trocken treiben und in 20 etwa 2 cm dicke Scheiben schneiden. Mit einem Teelöffel oder einem Kugelausstecher oben eine Vertiefung aushöhlen.
2. Die Köpfe vom Spargel abschneiden und längs vierteln. Spargelstangen im unteren Drittel schälen und schräg in dünne Scheiben schneiden. Meerrettich-Frischkäse mit Kräutern und Milch glatt rühren, Krabben und Spargelscheiben unterheben. Den Salat auf die Gurkenscheiben häufen und mit den Spargelspitzen garnieren.

15 Minuten
Pro Stück: 2 g E, 2 g F, 1 g KH = 30 kcal

Tipp: Statt Spargel kann man auch Zucchiniwürfel oder Scheibchen von Staudensellerie unter den Salat heben. Wer etwas mehr Zeit hat, hackt frische Kräuter.

Vorbereiten: Die Krabbencreme bleibt ein paar Stunden im Kühlschrank frisch, die Gurkentaler besser frisch zubereiten.

Blaubeer-Trifle
Cake Pops
Crema Catalana
mit Orangenkaramell

SÜSSE MINIATUREN

Ein Leben ohne Sünde? Undenkbar! Nach einem guten Essen braucht man einfach noch eine fruchtige, schokoladige oder cremige Süßigkeit. Muss ja nicht viel sein. Nach dem Motto »klein, aber fein«, sind hier die Portionen winzig, aber der Geschmack ist ganz groß.

1
2

① CAMPARI-ORANGE-SCHNITTCHEN

Für ca. 40 Stück:

- 6 Eier
- Salz
- 150 g Zucker
- 150 g Mehl
- 80 g Speisestärke
- 200 g Orangenkonfitüre
- 4–5 EL Campari
- 2 Orangen
- 100 g Puderzucker

1. Den Backofen auf 200 °C vorheizen.
2. Die Eier trennen. Das Eiweiß mit einer Prise Salz mit dem Handmixer steif schlagen und beiseitestellen.
3. Eigelb und Zucker ebenfalls mit dem Handmixer schaumig schlagen, bis sich der Zucker aufgelöst hat. Gesiebtes Mehl, Stärke und Eischnee mit einem Spatel unter die Masse heben.
4. Ein Backblech mit Backpapier auslegen und den Teig daraufstreichen. Auf der zweiten Schiene von unten 12 bis 14 Minuten backen, herausnehmen und abkühlen lassen.
5. Die Teigplatte in der Mitte durchschneiden. Orangenkonfitüre mit 2 EL Campari verrühren und auf die Hälfte der Teigplatte streichen. Die andere Teighälfte darüberklappen und fest andrücken. In Folie wickeln und 1 Stunde durchziehen lassen.
6. Die Orangen schälen, in Spalten teilen, nach Wunsch filetieren und in 40 Stückchen schneiden. Die Teigplatte aus der Folie nehmen und in 40 Würfel schneiden.
7. Puderzucker mit dem restlichen Campari verrühren und je einen Klecks davon auf die Würfel geben. Mit den Orangenstückchen belegen.

2 Stunden (davon 30 Minuten Arbeitszeit)
Pro Stück: 2 g E, 1 g F, 14 g KH = 76 kcal

Tipp: Wer auf Alkohol verzichten möchte, verwendet statt Campari Granatapfel- oder Cranberrysirup.

Vorbereiten: Statt 1 Stunde können die Camparischnitten auch 3 bis 4 Stunden im Kühlschrank warten.

② MANDEL-ANANAS-MINIMUFFINS

Für 24 Stück:

- 1 Baby-Ananas (ca. 450 g, ergibt etwa 250 g Fruchtfleisch)
- 80 g Mehl
- 1 TL Backpulver
- 50 g gemahlene Mandeln
- 60 g Zucker
- ½ TL Zimt
- 1 Ei
- 100 ml Milch
- 25 g zerlassene Butter
- eventuell Butter oder Öl für die Form
- 2 EL Mandelblättchen
- 1–2 EL Puderzucker
- außerdem: Muffinbackblech mit 24 Mulden

1. Den Backofen auf 180 °C vorheizen.
2. Die Ananas schälen und das Fruchtfleisch würfeln.
3. Mehl, Backpulver, Mandeln, Zucker und Zimt in einer Schüssel mischen. Ei, Milch und Butter zugeben und mit dem Handmixer zu einem glatten Teig verrühren. Die Ananasstücke unterheben.
4. Die Mulden des Muffinbackblechs mit etwas Butter oder Öl auspinseln oder Papiermanschetten hineingeben. Den Teig gleichmäßig auf die Mulden verteilen, mit den Mandelblättchen bestreuen und auf der mittleren Einschubleiste 15 bis 17 Minuten backen.
5. Mit Puderzucker bestreut servieren.

45 Minuten (davon 25 Minuten Arbeitszeit)
Pro Stück: 1 g E, 2 g F, 6 g KH = 53 kcal

Tipp: Mit nur etwa 15 Minuten Mehraufwand ist die doppelte Menge Minimuffins zubereitet: Verwenden Sie statt der Baby-Ananas das Fruchtfleisch von einer halben mittelgroßen Frucht (etwa 500 g mit Schale/ 250 g ohne Schale) und backen 2 Bleche der saftigen kleinen Küchlein.

Vorbereiten: Lauwarm sind die Küchlein besonders lecker. Wer sich die Arbeit ein paar Tage vorher machen möchte, friert die Kuchenhäppchen nach dem Abkühlen ein und erwärmt sie kurz im Backofen.

MÜSLI-SCONES MIT HIMBEER-SCHMAND

Für 20 Stück:
- 500 g Mehl
- 1 Päckchen Backpulver
- 40 g Zucker
- Salz
- 60 g Butter
- 300 ml Buttermilch
- 50 g Nüsse nach Wahl
- 50 g Rosinen
- 1 Eigelb
- 1 EL Hagelzucker
- 200 g Schmand
- 2 EL Puderzucker
- 1 EL Zitronensaft
- 150 g Himbeeren (frisch oder aufgetaute TK-Himbeeren)

1. Den Backofen auf 200 °C vorheizen.
2. Mehl mit Backpulver, Zucker und einer Prise Salz in eine Schüssel geben. Butter und Buttermilch zugeben und mit den Knethaken zu einem glatten Teig verrühren. Die Nüsse grob hacken und zusammen mit den Rosinen unter den Teig heben.
3. Den Teig auf einer bemehlten Arbeitsplatte etwa 2 bis 3 cm dick ausrollen und kleine Kreise (Ø 5 bis 6 cm) ausstechen. Den übrigen Teig immer wieder zusammenkneten und weiter Kreise ausstechen, bis der Teig verbraucht ist.
4. Die Teigkreise mit etwas Abstand nebeneinander auf das Backblech setzen. Eigelb mit 2 EL Wasser verrühren und die Scones damit bestreichen. Mit Hagelzucker bestreuen und auf der mittleren Einschubleiste etwa 15 Minuten backen.
5. Schmand mit Puderzucker und Zitronensaft verrühren und die Himbeeren vorsichtig unterheben, sodass eine marmorierte Creme entsteht. Den Schmand zu den lauwarmen Scones servieren.

30 Minuten (davon 15 Minuten Arbeitszeit)
Pro Stück: 4 g E, 7 g F, 23 g KH = 178 kcal

Tipp: Schmeckt auch zum Sonntagsfrühstück mit Frischkäse und Konfitüre.

Vorbereiten: Frisch und lauwarm aus dem Ofen schmecken die Scones am besten. Der Teig ist schnell gerührt, vorbereiten lohnt sich nicht.

1
2

① MINIAPFELSTRUDEL

Für 20 Stück:
- 2 Äpfel
- 200 g Vanillequark (Kühlregal)
- 3 EL Rosinen
- 2 Zwieback
- 2 EL Haselnüsse
- 1 Packung Strudelblätter (10 Scheiben, 250 g)
- 100 g zerlassene Butter
- 2 EL Aprikosenkonfitüre ohne Stückchen
- 1 EL gehackte Pistazienkerne

1. Den Backofen auf 200 °C vorheizen.
2. Die Äpfel schälen, das Kerngehäuse herausschneiden und das Fruchtfleisch würfeln. Quark mit Rosinen und Apfelstückchen verrühren.
3. Den Zwieback grob zerbröckeln und zusammen mit den Nüssen im Blitzhacker fein mahlen.
4. Die Strudelblätter mit der zerlassenen Butter bestreichen, jedes Blatt halbieren.
5. Je 1 TL Zwiebackbrösel auf ein Strudelblatt geben, 1 EL Füllung daraufsetzen. Die Seiten einklappen und die kleinen Strudel aufrollen. Nebeneinander auf ein mit Backpapier belegtes Blech legen, dabei sollte die »Naht« unten liegen. Die restliche Butter auf die Ministrudel streichen.
6. Die Strudel 15 Minuten backen, noch heiß mit der glatt gerührten Konfitüre bestreichen und mit den Pistazien bestreut am besten lauwarm servieren.

45 Minuten (davon 30 Minuten Arbeitszeit)
Pro Stück: 2 g E, 6 g F, 14 g KH = 123 kcal

Tipp: Versuchen Sie die Strudelhappen auch einmal mit Aprikosen oder Pflaumen.

Vorbereiten: Nicht zu empfehlen.

② WAFFELHAPPEN MIT LIMETTENQUARK

Für 16 Stück:
- 2 Eier
- 7 EL Puderzucker (ca. 100 g)
- 40 g zerlassene Butter
- 200 g Mehl
- 2 TL Backpulver
- 250 ml Milch
- Salz
- 2 Bio-Limetten
- 300 g Buttermilch- oder Magerquark
- 150 g Sahne

1. Die Eier trennen. Eiweiß steif schlagen und beiseitestellen. Eigelb mit 3 EL Puderzucker und Butter schaumig schlagen, Mehl, Backpulver, Milch und einer Prise Salz unterrühren, den Eischnee unterheben.
2. In einem eckigen Waffeleisen nacheinander in jeweils 2 bis 2½ Minuten 12 rechteckige Waffeln ausbacken und abkühlen lassen.
3. Nebenbei die Limetten abwaschen und trocken reiben. 2 bis 3 TL Limettenschale abreiben, danach die Limetten halbieren und auspressen. Den Quark mit dem restlichen Puderzucker (4 EL), Limettensaft und -schale cremig rühren. Die Sahne steif schlagen und unterheben.
4. Die Waffeln halbieren, sodass man 24 Quadrate erhält. 8 der Quadrate noch einmal diagonal zu 2 Dreiecken durchschneiden.
5. Je einen guten Klecks Limettenquark auf ein Waffelquadrat geben und ein Waffeldreieck daraufsetzen.

40 Minuten
Pro Stück: 5 g E, 6 g F, 17 g KH = 154 kcal

Tipp: Wer ein rundes Waffeleisen hat, trennt die Herzen auseinander und setzt je eine Herzhälfte auf den Limettenquark.

Vorbereiten: Der Teig und der Quark können etwa ½ Tag im Kühlschrank aufbewahrt werden. Oder Sie backen die Waffeln schon einige Stunden vor dem Essen und bewahren sie in einer Gebäckdose auf.

SCHOKOLADEN-BUFFET

1. **CAKE-POPS** » S. 158
2. **STRUDELSÄCKCHEN MIT SCHOKO-BANANEN-FÜLLUNG** » S. 159
3. **SCHOKOKÜCHLEIN MIT KUMQUAT-KOMPOTT** » S. 159
4. **MARZIPAN-WAFFEL-STICKS** » S. 160
5. **STRACCIATELLA-ERDBEER-QUARK IM BAISERSCHÄLCHEN** » S. 160
6. **MANGO MIT KAFFEE-SCHOKO-SAUCE** » S. 161

SCHOKOLADENBUFFET

Sie suchen noch nach einem Clou für die nächste Abendeinladung, nach einem trendigen Ersatz für den Kaffeeklatsch oder wollen alle Schokoholics unter Ihren Freunden glücklich machen? Dann ist ein Schokoladenbuffet genau das Richtige.

Der größte Vorteil: Die süßen Verlockungen kommen in kleinen Portionen daher und erlauben den Gästen, von allem zu probieren, ohne den Magen allzu sehr zu belasten.

Und was bietet man als Getränk an? Kaffee und Tee natürlich. Auch Kakao – für alle, die vom schokoladigen Geschmack nicht genug bekommen können. Je nach Anlass auch ein Glas Sekt, Champagner oder Südwein.

1 CAKE-POPS

Für 15 Stück:

- 100 g Zwieback
- 100 g Löffelbiskuits
- 5 EL Orangensaft
- 125 g Frischkäse mit Ananas
- 200 g Zartbitterkuvertüre
- 50 g Zartbitterschokolade
- 50 g Puderzucker
- 4–5 TL Zitronensaft
- außerdem: 15 Holzstäbe
- zum Verzieren: Minischokolinsen, Zucker-, Schokoladen- oder Krokantstreusel

1. Zwieback und Löffelbiskuits fein zerkleinern und mit Orangensaft und Frischkäse zu einer glatten Masse verrühren. Kleine Teigportionen zu walnussgroßen Kugeln formen. Die Teigkugeln bis zum weiteren Gebrauch in den Kühlschrank stellen.
2. Kuvertüre und Schokolade grob hacken. 150 g Kuvertüre und die Schokolade über einem heißen Wasserbad schmelzen lassen, die Schüssel von der Platte ziehen. Die restliche kalte Kuvertüre in die Masse rühren, ggf. noch einmal ganz kurz erhitzen.
3. Die Holzstäbe 2 bis 3 cm tief in die Kuvertüre tauchen, dann in die kalten Kuchenkugeln stecken. Die Kugeln in der Schokolade wenden, bis sie ganz überzogen sind, kurz abtropfen lassen und die Cake-Pops in Gläser stellen, bis sie trocken sind. Besonders gut: Gläser oder hohe Tassen mit Zucker füllen und die Cake-Pops hineinstellen, so stehen sie besonders stabil.
4. Den Puderzucker in eine kleine Schüssel geben. Nach und nach den Zitronensaft zugeben und verrühren, bis eine sehr dickflüssige Creme entstanden ist. Je einen kleinen Klecks auf jeden Kuchen-Pop geben und mit Streuseln, Minischokolinsen oder Krokant bestreuen.

90 Minuten (davon 35 Minuten Arbeitszeit)
Pro Stück: 3 g E, 7 g F, 22 g KH = 165 kcal

Tipp: Sie können die Kuchenmasse auch 2 bis 3 cm dick ausrollen und wie Plätzchen ausstechen. Dann mit Schokolade überziehen und verzieren.

Vorbereiten: Die Pops bleiben 2 Tage frisch. Kühl aufbewahren, aber nicht im Kühlschrank.

② STRUDELSÄCKCHEN MIT SCHOKO-BANANEN-FÜLLUNG

Für 10 Stück:
- 200 g Himbeeren
- 2–3 Bananen
- 1 Packung (250 g) Strudelteigblätter
- 75 g zerlassene Butter
- 10 EL Schokoladenflocken (150 g)

1. Den Backofen auf 180 °C vorheizen. Ein Backblech mit Backpapier belegen.
2. Himbeeren verlesen, die Bananen schälen und in Scheiben schneiden.
3. Die Teigblätter nacheinander mit der zerlassenen Butter bestreichen und auf das Backblech legen. Einige Früchte und 1 EL Schokoladenflocken daraufgeben.
4. Die Teigblätter an den Rändern hochnehmen und vorsichtig, aber fest zusammendrehen, sodass ein Säckchen entsteht.
5. Auf der unteren Schiene etwa 15 Minuten backen, eventuell in den letzten Minuten mit einem Stück Alufolie abdecken, damit sie nicht zu stark bräunen. Die Strudelsäckchen kurz auf dem Backblech abkühlen lassen.

35 Minuten (davon 20 Minuten Arbeitszeit)
Pro Stück: 3 g E, 10 g F, 30 g KH = 232 kcal

Tipp: Wenn Sie die Strudelsäckchen auf hellen Tellern servieren, vorher etwas Kakaopulver auf die Teller streuen, bei dunklen Tellern verwenden Sie Puderzucker.

Vorbereiten: Leider nein!

③ SCHOKOKÜCHLEIN MIT KUMQUAT-KOMPOTT

Für 12 Portionen:
- 250 g Kumquats
- 175 g Zucker
- 125 ml Orangensaft
- 1 Stück Sternanis
- 2 TL Stärke
- 200 g Zartbitterschokolade
- 80 g Butter
- 4 Eier
- 75 g Mehl
- Salz
- eventuell Fett für das Blech

1. Kumquats waschen und vierteln, dabei die Kerne herauslösen.
2. 75 g Zucker in einem kleinen Topf schmelzen lassen, bis er hellbraun wird. Orangensaft zugeben und kochen, bis der Karamell sich aufgelöst hat. Kumquats und Sternanis zugeben und zugedeckt 2 bis 3 Minuten bei milder Hitze köcheln lassen. Stärke mit 2 EL kaltem Wasser anrühren, ins Kompott rühren und einmal aufkochen. Beiseitestellen und etwas abkühlen lassen.
3. Den Backofen auf 220 °C vorheizen.
4. Von der Schokolade 12 Stückchen abbrechen und beiseitelegen. Die restliche Schokolade und die Butter im Wasserbad oder bei ganz kleiner Leistung in der Mikrowelle schmelzen.
5. Den restlichen Zucker (100 g) und Eier schaumig schlagen, bis sich der Zucker aufgelöst hat. Mehl, Schokoladen-Butter-Mischung und eine Prise Salz zugeben und kurz unterrühren.
6. Den Teig in Silikonförmchen oder die gefetteten Mulden eines Muffinbackblechs füllen, je 1 Stück Schokolade in die Mitte der kleinen Kuchen drücken und 8 bis 10 Minuten auf der mittleren Schiene backen. Einige Minuten abkühlen lassen und mit dem Kompott servieren.

40 Minuten (davon 30 Minuten Arbeitszeit)
Pro Stück: 4 g E, 12 g F, 33 g KH = 265 kcal

Vorbereiten: Das Kompott kann man 1 bis 2 Tage vorher zubereiten. Vor dem Servieren einige Stunden bei Zimmertemperatur lagern oder ganz kurz im Backofen oder der Mikrowelle lauwarm erhitzen.

4 MARZIPAN-WAFFEL-STICKS

Für 20 Stück:

- 200 g Marzipanrohmasse
- 75 ml Apfelsaft
- 3 EL Puderzucker
- 75 g getrocknete Soft-Aprikosen
- 20 rechteckige Eiswaffeln (75 g)
- 200 g Kuvertüre (nach Geschmack Vollmilch oder Zartbitter)
- 2 EL Mandelstifte

1. Die Marzipanrohmasse würfeln und in eine Schüssel geben. Apfelsaft und Puderzucker zugeben und mit den Knethaken des Handmixer glatt rühren. Die Aprikosen würfeln und unter die Marzipancreme rühren.
2. Die Masse in einen Spritzbeutel mit Lochtülle füllen und auf die Eiswaffeln spritzen, dabei ein Stück Waffel zum Anfassen freilassen.
3. Die Kuvertüre grob hacken. 150 g Kuvertüre über einem heißen Wasserbad schmelzen lassen, die Schüssel von der Platte ziehen. Die restliche kalte Kuvertüre in die Masse rühren und schmelzen lassen.
4. Die Eiswaffeln an der freien Stelle festhalten und in die Kuvertüre tauchen, oder die Kuvertüre mit einem Löffel über die Waffelsticks schöpfen. Kurz abtropfen lassen und auf einem Kuchengitter abkühlen lassen. Bevor die Kuvertüre trocken wird, die Mandelstifte darüberstreuen. Die Kuvertüre etwa 1 Stunde trocknen lassen.

90 Minuten (davon 30 Minuten Arbeitszeit)
Pro Stück: 3 g E, 5 g F, 16 g KH = 134 kcal

Tipp: Sie können auch andere Trockenfrüchte in die Marzipancreme geben. Cranberrys, Pflaumen oder Feigen eignen sich besonders gut. Eiswaffeln finden Sie im Supermarkt direkt bei den Gefriertruhen mit Eiscreme.

Vorbereiten: 2 Tage vorher möglich. Am besten in einer Blechdose aufbewahren.

5 STRACCIATELLA-ERDBEER-QUARK IM BAISERSCHÄLCHEN

Für 9 Stück:

- 50 g Zartbitterschokolade
- grobes Meersalz (Fleur de Sel)
- ½ Vanilleschote
- 500 g Magerquark
- 2–3 EL flüssiger Honig
- 2 EL Zitronensaft
- 150 g Sahne
- 350 g Erdbeeren
- 40 g Schokoraspel
- 9 Baiserschälchen (Supermarkt oder Konditorei, 100 g)

1. Schokolade im Wasserbad schmelzen lassen, mit einem Löffelrücken dünn auf Backpapier streichen und mit wenig grobem Meersalz bestreuen. Abkühlen lassen und in Stücke brechen.
2. Die Vanilleschote mit einem spitzen Messer längs aufschneiden und das Mark herauskratzen. Den Quark mit Honig, Vanillemark und Zitronensaft glatt rühren. Die Sahne steif schlagen und unterheben.
3. Erdbeeren putzen, 10 kleine Früchte zum Garnieren beiseitelegen, die restlichen Erdbeeren in Scheiben schneiden und zusammen mit den Schokoraspeln unter den Quark heben.
4. Den Quark in die Baiserschälchen füllen und mit dem Schokoladenbruch und den restlichen Erdbeeren garnieren.

80 Minuten (davon 20 Minuten Arbeitszeit)
Pro Stück: 11 g E, 3 g F, 19 g KH = 158 kcal

Tipp: Verwenden Sie frische Früchte der jeweiligen Jahreszeit.

Vorbereiten: Der Quark bleibt ein paar Stunden im Kühlschrank frisch. Die Erdbeeren am besten erst kurz vor dem Essen unterheben. Den Schokoladenbruch können Sie tagelang in einer Dose aufbewahren.

⑥ MANGO MIT KAFFEE-SCHOKO-SAUCE

Für 10 Portionen:

- 50 g Sahne
- 150 ml Milch
- 1 Tasse starker Kaffee oder 1 doppelter Espresso
- 1 EL Zucker
- 50 g Zartbitterschokolade
- 2 EL Kakaopulver (ungesüßt)
- 2–3 TL Weizenstärke
- 2 Mangos
- 2 EL Mandelblättchen

1. Sahne, 50 ml Milch, Kaffee, Zucker und Schokolade in einem kleinen Topf erhitzen. Kakaopulver und Stärke mit der restlichen kalten Milch verrühren und in die heiße Milch einrühren. Einmal aufkochen und beiseitestellen, bis die Mangos vorbereitet sind, dabei ab und zu umrühren.

2. Die Mangos schälen und das Fruchtfleisch vom Stein schneiden. In 2 cm × 2 cm große Würfel schneiden und in 10 Portionsschälchen oder -gläser füllen.

3. Die Schokosauce über die Früchte geben und mit Mandelblättchen bestreuen.

20 Minuten

Pro Portion: 2 g E, 5 g F, 14 g KH = 114 kcal

Tipp: Mutige streuen ganz wenige Chiliflocken auf die Schokoladensauce.

Vorbereiten: Die Schokosauce am Vortag zubereiten, die Mangostückchen einige Stunden vorher schneiden.

VIELSEITIGER STRUDELTEIG

Hauchdünn ausgezogene Teige sind nicht nur als Strudelteig ein Klassiker in der österreichischen Küche, sondern auch als Yufkateig Bestandteil der türkischen und als Filoteig Grundzutat der griechischen Küche. Im Kühlregal gut sortierter Supermärkte findet man die Teigblätter fix und fertig für wenig Geld. Es lohnt also kaum, den figurfreundlichen Teig, der nur aus Mehl, Wasser, ganz kleinen Mengen Fett und einer Prise Salz besteht, selbst zu machen.

Strudelteig ist enorm wandlungsfähig: Er eignet sich für Röllchen und Päckchen oder süße und herzhafte Ministrudel. Legt man die Blätter in Muffinformen, erhält man nach dem Backen knusprig leichte Körbchen, die man zum Beispiel mit Obstsalat, Kompott oder Eiscreme füllen kann.

Damit der Teig aromatisch und knusprig gerät, bestreichen Sie die einzelnen Blätter mit flüssiger Butter oder Öl und legen jeweils zwei oder drei übereinander.

Tipp: Reste des Strudelteigs in Folie wickeln oder in Beutel verpacken, damit sie nicht austrocknen. So bleibt der Teig im Kühlschrank einige Tage frisch.

MANDELGEWÜRZCREME

Für 14 Portionen:
- 12 Blatt weiße Gelatine
- 1 Bio-Zitrone
- 60 g Zucker
- 250 ml Multivitaminsaft
- 100 g gemahlene Mandeln
- 1 l fettarme Milch
- ½ Vanilleschote
- 1 TL Zimtpulver
- 3–4 Kardamomkapseln
- 2 Nelken
- 200 g Sahne
- geröstete Mandelblättchen

1. Gelatine in kaltem Wasser einweichen.
2. Zitrone gut abwaschen und trocken reiben. Ein langes Stück Schale ganz dünn abschälen, sodass keine weiße Haut mit abgeschält wird. Die Zitrone halbieren und auspressen.
3. 20 g Zucker mit einem Teil des Saftes erhitzen, bis sich der Zucker löst, 4 Blätter ausgedrückte Gelatine in der Flüssigkeit lösen und mit dem kalten Saft verrühren. Den Saft in 14 kleine Gläser füllen und kalt stellen.
4. Die Mandeln in einem Topf kurz rösten, bis sie anfangen zu duften. Dann die Milch dazugießen.
5. Die Vanilleschote mit einem spitzen Messer längs aufschlitzen und das Mark mit dem Messerrücken herauskratzen. Vanillemark, Zimt, grob zerdrückte Kardamomkapseln, die Zitrusschalen und den restlichen Zucker (40 g) zugeben und die Mandelmilch bis kurz vor dem Kochen erhitzen. Die Milch von der Platte ziehen und die Gewürze 20 Minuten durchziehen lassen.
6. Die Milch durch ein Sieb in eine Schüssel gießen, die Mandelmasse dabei gut ausdrücken und die restliche Gelatine (8 Blätter) darin auflösen.
7. Sobald die Creme anfängt zu gelieren, die Sahne steif schlagen und unterheben. Die Creme auf das Multivitamingelee geben und 3 bis 4 Stunden im Kühlschrank fest werden lassen.
8. Mit gerösteten Mandelblättchen anrichten.

3 ½ Stunden (davon 30 Minuten Arbeitszeit)
Pro Portion: 5 g E, 7 g F, 10 g KH = 126 kcal

Tipp: Probieren Sie es auch mit anderen Säften, z. B. Blutorangen- oder Traubensaft. Besonders viel Aroma enthalten reine Fruchtsäfte. Der Fruchtanteil von Nektar oder Fruchtsaftgetränken ist deutlich niedriger.

Vorbereiten: 1 bis 2 Tage bleibt die Creme im Kühlschrank appetitlich frisch.

1 HEIDELBEER-TRIFLE

Für 15 Portionen:

- 1 Päckchen Vanillepuddingpulver
- 500 ml Milch
- 40 g Zucker
- 40 g Mandelblättchen
- 200 g Löffelbiskuits
- 250 ml Sherry, medium oder süß
- 400 g TK-Heidelbeeren 250 g Naturjoghurt
- 125 g frische Heidelbeeren

1. Den Vanillepudding nach Packungsanweisung mit Milch und Zucker zubereiten und abkühlen lassen.
2. Mandeln in einer beschichteten Pfanne ohne Fett 2 bis 3 Minuten goldbraun rösten, auf einen Teller geben und abkühlen lassen.
3. Löffelbiskuits in je 3 bis 4 Stücke brechen und in kleine Gläser oder Schüsseln füllen. Mit Sherry beträufeln und die gefrorenen Heidelbeeren darauf verteilen.
4. Den Joghurt mit dem Vanillepudding verrühren und die Creme auf den Früchten verteilen. Mindestens 3 Stunden abgedeckt kalt stellen.
5. Kurz vor dem Servieren die frischen Heidelbeeren und die Mandelblättchen auf dem Dessert verteilen.

4 Stunden (davon 30 Minuten Arbeitszeit)
Pro Portion: 4 g E, 4 g F, 20 g KH = 155 kcal

Tipp: Füllen Sie den Sherry vor dem Beträufeln in ein Sahne- oder Milchkännchen – so kleckert nichts daneben.

Vorbereiten: Einen halben Tag vor dem Essen können Sie den Trifle zubereiten. Frische Früchte und Mandeln erst kurz vor dem Auftragen über die Creme geben.

2 KÄSEKUCHEN AUS DEM GLAS

Für 20 Stück:

- 30 g flüssige Butter
- 1 Vanilleschote
- 4 Eier
- 150 g Zucker
- 1 kg Buttermilch- oder Magerquark
- 2 Päckchen Vanillepuddingpulver (zum Kochen)
- 6 Maracujas
- 3 EL Puderzucker
- 2–3 EL Orangenlikör oder -saft
- außerdem: 20 kleine Weckgläser

1. Backofen auf 175 °C vorheizen.
2. 20 kleine Weckgläser oder Tassen mit der flüssigen Butter einfetten, die Vanilleschote mit einem spitzen Messer längs aufschneiden und das Mark herauskratzen.
3. Eier trennen, das Eiklar steif schlagen und beiseitestellen.
4. Zucker und Eigelb schaumig rühren, Quark, Vanillemark und Puddingpulver zugeben und unterrühren, den Eischnee locker unterheben. Die Quarkmasse am besten mit einem Esslöffel in die Gläser füllen und auf der mittleren Schiene 25 bis 30 Minuten backen. Herausnehmen und abkühlen lassen.
5. Die Maracujas halbieren und das Fruchtfleisch mit einem Teelöffel aus der Schale lösen. Mit Puderzucker und Likör verrühren und je 1 bis 2 EL auf jeden Käsekuchen geben.

1 Stunde (davon 30 Minuten Arbeitszeit)
Pro Stück: 8 g E, 2 g F, 16 g KH = 125 kcal

Tipp: Reife Maracuja erkennen Sie an einer schrumpeligen Schale – glatte Früchte sind unreif. Anstelle der Früchte können Sie auch einen Fruchtaufstrich ohne Stückchen verwenden. Diesen mit etwas Saft glatt rühren.

Vorbereiten: Fertig gebacken bleiben die kleinen Kuchen abgedeckt 2 Tage frisch.

1
2

1
2

① ROTE-GRÜTZE-FRÜCHTE IN WEINGELEE

Für 10 Portionen:

- 8 Blatt weiße Gelatine
- 1 Flasche (0,7 l) Weißwein
- ½ Zitrone
- 2–3 EL Zucker
- 500 g Früchte (z. B. Kirschen, Himbeeren, Heidelbeeren, Brombeeren, rote, schwarze und weiße Johannisbeeren) oder 1 TK-Beerenmischung

1. Die Gelatine in 100 ml Wein in einem kleinen Topf einweichen. Die Zitrone auspressen.
2. Die Früchte putzen, wenn nötig waschen und abtropfen lassen. Kirschen entkernen. Die Früchte in 10 Schälchen oder Cocktailgläser (z. B. für Martini) füllen.
3. Wein und Zucker in einem kleinen Topf erwärmen, bis sich der Zucker aufgelöst hat. Die Gelatine zugeben und bei milder Hitze auflösen. Dann den restlichen Wein und den Zitronensaft zugeben und über die Beeren gießen. Im Kühlschrank mindestens 4 bis 5 Stunden kühl stellen (oder über Nacht).

5 Stunden (davon 30 Minuten Arbeitszeit)
Pro Portion: 2 g E, 0 g F, 7 g KH = 92 kcal

Tipp: Verwenden Sie für dieses Dessert einen spritzigen Sommerwein, z. B. Rivaner, Riesling oder einen portugiesischen Vinho Verde. Auch ein leichter Roséwein ist gut geeignet.

Vorbereiten: Sehr gerne – bis zu einem Tag im Voraus.

② HOLUNDERBLÜTENCREME MIT ERDBEEREN

Für 8 Portionen:

- 4 Blatt weiße Gelatine
- 500 ml Buttermilch
- 140 ml Holunderblütensirup
- 150 g Sahne
- 250 g Erdbeeren
- 2 Stiele Minze

1. Gelatine in kaltem Wasser einweichen.
2. 100 ml von der Buttermilch abnehmen und zusammen mit 100 ml Holunderblütensirup erwärmen. Die Gelatine darin auflösen, danach die restliche Buttermilch unterrühren. Etwa 20 Minuten in den Kühlschrank stellen.
3. Sobald die Creme zu gelieren beginnt, die Schlagsahne steif schlagen und unterheben. In Portionsgläser oder -schälchen füllen und 2 bis 3 Stunden kalt stellen.
4. Die Erdbeeren putzen, halbieren oder vierteln und mit dem restlichen Holunderblütensirup mischen. Die Minzeblättchen in feine Streifen schneiden. Kurz vor dem Servieren die Erdbeeren und Minze auf die Creme geben.

3 ½ Stunden (davon 20 Minuten Arbeitszeit)
Pro Portion: 3 g E, 6 g F, 16 g KH = 140 kcal

Tipp: Schmeckt wie der Trendcocktail »Hugo« – wer mag, gibt noch einen kleinen Schluck Prosecco über jedes Dessert.

Vorbereiten: Die Creme kann auch über Nacht im Kühlschrank bleiben.

① APFELKOMPOTT MIT GRIECHISCHEM JOGHURT

Für 15 Portionen:

- 2 kg Äpfel
- 3 EL Zitronensaft
- 125 ml Apfelsaft
- 3–4 EL brauner Zucker
- 400 g griechischer Naturjoghurt (10 % Fett)
- 60 g flüssiger Honig
- 40 g Walnusskerne

1. Die Äpfel schälen und das Fruchtfleisch in Stücke schneiden. Äpfel, Zitronen- und Apfelsaft sowie Zucker in einem Topf 5 bis 10 Minuten garen, das Kompott abkühlen lassen.
2. Das Apfelkompott in kleine Schälchen oder Gläser verteilen, den Joghurt daraufgeben und je 1 TL Honig darüberträufeln.
3. Die Walnüsse grob hacken und über den Honig streuen.

1½ Stunden (davon 40 Minuten Arbeitszeit)
Pro Portion: 2 g E, 5 g F, 27 g KH = 164 kcal

Tipp: Mit aufgetautem TK-Kompott oder Kompott aus dem Glas gelingt das Dessert in nur 5 bis 10 Minuten.

Vorbereiten: Das Apfelkompott bleibt im Kühlschrank einige Tage frisch.

② CREMA CATALANA MIT ORANGEN-KARAMELL

Für 15 Portionen:

- 750 ml Milch
- 50 g Stärke
- 5 Eigelb
- 125 g Zucker
- 3–4 Saftorangen
- 1 kleiner Granatapfel

1. 150 ml kalte Milch mit der Stärke verrühren. Eigelb und 50 g Zucker in einer Schüssel schaumig rühren, die Stärkemilch dazugießen und gut verrühren.
2. Die restliche Milch erhitzen und unter ständigem Rühren zu den Eigelben geben. Die Masse in den Topf zurückfüllen und unter ständigem Rühren so lange erhitzen, bis die Masse bindet – nicht aufkochen lassen!
3. Die Creme in 15 kleine Schalen oder Gläser füllen und kalt stellen.
4. Die Orangen halbieren und auspressen, sie sollten 350 ml Saft ergeben. Den Saft durch ein Sieb gießen.
5. Den restlichen Zucker (75 g) in einem kleinen Topf karamellisieren lassen, dabei erst rühren, wenn der Zucker an den Rändern zu schmelzen beginnt. Das Karamell mit dem Orangensaft ablöschen (Vorsicht, es spritzt) und einige Minuten sirupartig einkochen lassen. Das Karamell abkühlen lassen.
6. Den Granatapfel halbieren und die Kerne herauslösen.
7. Etwas Sirup und einige Granatapfelkerne auf jede Portion Crema geben und servieren.

3 Stunden (davon 30 Minuten Arbeitszeit)
Pro Portion: 3 g E, 4 g F, 17 g KH = 116 kcal

Tipp: Schalten Sie die Hitze der Kochplatte nicht zu hoch. So lässt sich der richtige Zeitpunkt zwischen der Stärkebindung und dem Aufkochen besser abpassen.

Vorbereiten: Karamell und Crema können 1 bis 2 Tage vor dem Essen zubereitet werden, beides einzeln kalt stellen.

2
1

REGISTER

A

B

C

D

E

F

L

M

IMPRESSUM

Stiftung Warentest
Lützowplatz 11–13
10785 Berlin
Telefon 0 30/26 31-0
Fax 0 30/26 31-25 25
www.test.de
email@stiftung-warentest.de

USt.-IdNr.: DE136725570

Vorstand: Hubertus Primus
Weiteres Mitglied der Geschäftsleitung:
Dr. Holger Brackemann
(Bereichsleiter Untersuchungen)

Programmleitung: Niclas Dewitz

Projektleitung, Lektorat: Friederike Krickel
Lektoratsassistenz: Karsten Treber
Korrektorat: Susanne Reinhold, Berlin
Gestaltung, Art Direction, Layout:
Axel Raidt, Berlin
Illustrationen: Andree Volkmann, Berlin
Fotografien: Knut Koops, Berlin
Foodstyling: Frauke Koops, Hamburg

Produktion: Vera Göring
Verlagsherstellung: Rita Brosius (Ltg.), Susanne Beeh
Litho: tiff.any, Berlin
Druck: Grafisches Centrum Cuno GmbH & Co. KG, Calbe

ISBN: 978-3-86851-079-9